四部要籍選刊・經部　蔣鵬翔 主編

阮刻周禮注疏 一

〔清〕阮元 校刻

浙江大學出版社

傳古樓據上海圖書館藏
清嘉慶刻本影印原書框
高一七〇毫米寬一二四
毫米

出版説明

《附釋音周禮注疏》四十二卷，漢鄭玄注，唐賈公彦疏，清阮元校刻，據上海圖書館藏清嘉慶二十年（一八一五）南昌府學刻本影印。

《四庫總目·禮類小序》云：『古稱議禮如聚訟。然《儀禮》難讀，儒者罕通，不能聚訟。《禮記》輯自漢儒，某增某減，具有主名，亦無庸聚訟。所辨論求勝者，《周禮》一書而已。』作爲專記官制的儒家經典，《周禮》在鄭玄構建的三禮體系中居於核心位置，但其遭受的質疑、引起的争議也遠過於《儀禮》《禮記》二經。或以爲《周禮》書名有七種異稱，其成書或以爲周公親制，或以爲劉歆僞造，其成書年代或以爲早至周初，或以爲晚至漢初，其内容或以爲西周實録，或以爲後人想象，其篇章或以爲本屬未完稿，或以爲僅傳五官，或以爲冬官不亡。衆説紛紜，莫衷一是，遂致『議禮如聚訟』之名。

《周禮》原題《周官》。《史記·封禪書》云：『封禪用希曠絶，莫知其儀禮，而群儒采《尚書》《周官》《王制》之望祀射牛事。』《漢書·藝文志》也著録《周官經》六篇。因爲其所記主要是周代設官分職之事，所以徑題爲《周官》，但《周官》中的制度是否可信，一直有不同的看法。賈公彦《序周禮廢興》云：『林孝存以爲武帝知《周官》末世瀆亂不驗之書，故作《十論》《七難》以排棄之。何休亦以爲六國陰謀之書。』又云：『鄭玄遍覽群經，知《周禮》者，乃周公致太平之迹。』降及近代，質疑者如郭沫若仍以爲『《周官》一書，其自身本多矛盾，與先秦著述中所言典制亦多不相符，然信之者每好曲爲皮傅』，『乃彝銘中言周代官制之卓著者，同於《周官》者雖亦稍稍有之，然其骨幹則大相違背』，讚成者如朱謙之則斷定『《周禮》非在西周文化發達的時代不能作』，金景芳以爲該書除封國之制、畿服之制等少數内容外，『其餘部分則什九是西周舊制，無可疑者』。沈鳳笙《略論宗周王官之學》辨析此問題最爲縝密，其結論是：

《周官經》殘存三百四十五官，基本上取諸兩周實制（周初創建和晚周更制）。但『禮』的特徵，在於人們的實行而不在於文本的編撰。『周禮』，無論『官經』還是『儀則』（今稱《儀禮》），都在周公攝政時的施政原則精神貫徹下試行。以後，幾經長時間的旋置旋廢、反覆實踐，待主管機構研討更動以至相對穩定後才有所記録。初期固然不可能遽作定稿，到晚周亦無人敢於寫定，記録稿都藏於秘府。周人質樸而又十分謙抑，這種品格亦在禮書里處處流露。我之所以肯定『周官經』在兩周已經存在，道理很簡單：兩周朝廷不可一日無官，隨著官制的建置及其變遷，先是零星記録，然後補綴充實。而兩周官名以一個表明性質的字（諸如『宰』『宗』『馬』『徒』等）爲準，再附上别的字以作同官隸屬的差别，這些官名可與彝銘相核議。

此説較爲可取。相比之下，一些學者將《周禮》中的抵牾、重複簡單歸因於戰國時的好事者彙編春秋、戰國及夏、商、周禮所致，就不免碎義逃難之譏了。

《漢書·王莽傳》載居攝三年九月少阿、羲和劉歆與博士諸儒七十八人奏議曰：『……攝皇帝（王莽）遂開祕府，會羣儒，制禮作樂，卒定庶官，茂成天功。聖心周悉，卓爾獨見，發得周禮，以明因監，則天稽古，而損益焉，……《周禮》曰「王爲諸侯緦縗」，「弁而加環絰」，同姓則麻，異姓則葛。』這是『周禮』作爲書名首次出現在傳世文獻中，故後人多據此推斷《周官》改題《周禮》的時間大約在王莽居攝之後、西漢居攝三年之前（公元六至八年）。但爲什麼要改題《周禮》之名，卻鮮見合理的回答。研究《周禮》的專家多將『發得周禮』的『周禮』理解爲書名（楊天宇《周禮譯注》、吕友仁《周禮譯注》均加書名號），《周官》一書早在漢武帝以前就被發現，爲什麼要説王莽才『發得』？於是不得已又將『發得』二字理解爲宣揚、提倡，但僅僅要宣揚、提倡《周官》也無改題《周禮》的必要，直到孫思旺發表《論〈周官〉對禮經、書經兩系統的介入》一文，這個問題才算得到徹底的解決。孫氏指出王莽居攝時『發得周禮』，不是發現《周官》一書，而是發現《周官》所載内容正是周公制作的周禮，確定是周公所制之禮，才據實正名，改題《周禮》。『既然《周禮》是周公所制之禮，亦即純粹而正宗的周禮，而《禮》（《儀禮》）只是禮壞樂崩時代，孔門振起禮樂的記録品，那麼《周禮》理所當然要越過《禮》的位次，坐上禮經的頭把交椅。劉歆在工作層面奏改《周官》爲《周禮》，並請建立爲禮經，爲置博士，其實只是對王莽戰略決策的具體落實。』《周官》之所以改題爲《周禮》、其在三禮中之所以躍居首位、改題者身份之歸屬，都因此得到圓滿的解釋。《介入》的觀點與沈先生的學説（《周禮》《儀禮》都是周公施政精神貫徹下試行的實制，都是先有實踐後有文本的經典）若合符節，也與中華書局整理本《漢書》的標點相呼應（中華本點爲『發得周禮』，意即周代之禮制，而非《周禮》之書，但治《周禮》學史者大多忽視了這一標點方案），這對我們正確地認識《周禮》的來歷和性質是至關重要的。

《周官》改題《周禮》之前，罕見師説。《漢志》著録《周官傳》四篇，或以爲河間獻王組織編成，但已無跡可尋，認爲『周公致太平之迹具在斯』的劉歆本人也未能有所著述。至東漢初，其學大興，鄭興、鄭衆、衛宏、賈逵、馬融皆作《周官解詁》，後有鄭玄『博綜衆家，孤行百代，周典漢詁，斯其𦨣椒』（孫詒讓語），集前人之大成，雖然也有批評其『尊信《周禮》太過』的看法，但鄭注無疑是閱讀《周禮》最重要的注本。魏晉以來，治《周禮》者代不乏人，有王肅、伊説、干寶之注本，有崔靈恩之《集注》，有劉昌宗之《禮音》，有陳劭之《異同評》，有孫略、虞喜之《駁難》，有沈重及佚名之多種《義疏》，有《分職》，有《禮圖》，體例不一，各有勝義。就《隋書·經籍志》著録情況而言，《周禮》學的聲勢雖不及《禮記》之盛，但要明顯强於《儀禮》。這種學術積累程度的差異，直觀地反映在唐人義疏中。賈公彦參與了孔穎達領銜的《禮記正義》編修之役，又獨力撰成《儀禮》《周禮》二疏，是唐代傑出的禮學家，然而其所撰《儀禮疏》和《周禮疏》的水平卻相去甚遠。《周禮疏》恪守『疏不破注』的原則，對鄭注採擇的舊説追溯其來歷，分析其成因；對與鄭注不合的舊説辨别其差異，推考其疏失，同時秉承三禮一體的精神，勾稽《儀禮》《禮記》中所涉《周禮》的材料，盡可能地貫通協調，使其成爲一個宏大而自洽的理論體系，在建立周密邏輯的同時又能保持文辭表達的簡潔流暢，不做過度的鋪陳發揮，既無愧於《周禮》鄭注之功臣，又堪稱唐人義疏之典範，無怪乎朱熹稱讚道：『五經中，《周禮疏》最好，《詩》與《禮記》次之，《書》《易》疏亂道。』（《朱子語類》卷八十六語）黄侃《禮學略説》亦云：『賈疏《周禮》，郅爲簡當，雖不無委曲遷就，而精粹居多，故孫氏新疏仍用者十之七八也。』與之相比，《儀禮疏》雖然同出賈公彦手，卻『文筆冗蔓，詞意鬱轖，不若孔氏《五經正義》之條暢』（阮元《儀禮注疏校勘記》語），不僅論述之精、考辨之密遜於《周禮疏》，連文句表達也晦澀糾結，有許多牽强含糊的地方。二《疏》之所以差距明顯，固然有《儀禮》文本較《周禮》更艱深的原因，但可能更多的是緣於其撰作基礎的不同。賈氏《儀禮疏序》云：『《周禮》爲末，《儀禮》爲本。本則難明，末便易曉，是以《周禮》注者則有多門，《儀禮》所注，後鄭而已。』已流露出疏釋《儀禮》較《周禮》爲難的情緒，其《儀禮疏》據黄慶、李孟悊二家舊疏裁成，其《周禮疏》則據沈重《義疏》及陳劭《異同評》爲之。《周禮疏》能有如此水平，自然在相當程度上應歸功於以沈重爲代表的前輩注本。

與其他大多數儒家經典一樣，《周禮》的刊印也是遵循先刻經注本，再刻單疏本，最後注疏合刻的順序。《周禮疏》單疏本僅有一部舊鈔殘本傳世（存三十一卷，十五册），藏於日本京都大學附屬圖書館。據韓悦《日本京都大學藏〈周禮疏〉單疏舊鈔本探論》研究，應是據南宋國子監覆刻北宋本鈔成，卷首有咸平六年中書門下牒文，《玉海》卷三十九《咸平禮記疏》條云：『六年八月，敕雕印《周禮正義》頒行。』正與鈔本牒文相合。南宋越刻八行本《禮記正義》卷後附黄唐跋云：『六經疏義自京監蜀本皆省正文及注，又篇章散亂，覽者病焉。本司舊刊《易》《書》《周禮》，正經、注、疏萃見一書，便於披繹，它經獨闕。紹熙辛亥仲冬，唐備員司庾，遂取《毛詩》《禮記》疏義，如前三經編彙，精加讎正，用錢諸木，庶廣前人之所未備。』八行本是注疏合刻之祖，從這篇跋文可知，紹熙辛亥以前，兩浙東路茶鹽司就已將《周易》《尚書》《周禮》的經注疏各自合刻，它們都屬於第一批合刻本，但這三種經書内部，孰先孰後，又多有歧解。過去因爲《周禮》經注疏的編連方式獨異於它經，或以爲《周禮》是合刻注疏的開端（八行本大多採用『經、注、經之疏、注之疏』的編連次序，只有《周禮》離析經注，採用『經、經之疏、注、注之疏』的次序），但李霖《宋本群經義疏的編校與刊印》通過考察體例的成熟程度，指出八行本《周禮》經注疏獨特的編連方式，實緣於賈氏兩種單疏的體例與其他單疏不同，賈氏是按經注文句的自然次序疏釋，它疏是先總釋一章或一節的經文，然後再分釋該章節内的注文，故稱合刻始於《周禮》並無實據，而《尚書》行字不齊、標目混亂，且獨存長孫無忌《上五經正義表》文，反倒更可能是宋代官方合編注疏的首次嘗試。

《周禮疏》宋刻八行本有多種印本存世，詳見《景宋八行本周禮疏·影印説明》（貴州教育出版社二〇二〇年版），兹不贅述。此後福建建陽地區又出現附入陸德明《經典釋文》相關内容的新編經注疏合刻本，即所謂宋刻十行本。取八行本、十行本二者相較，前者屬於官刻，時間較早，後者屬於坊刻，時間也較晚，從文獻學的角度來説，八行本的文本價值固然優於十行本，但論對後世的影響，十行本卻遠遠大於八行本。自元至清，陸續刊行的元刻十行本、明閩刻本、北監本、汲古閣本以及清殿本、阮本注疏均以宋刻十行本爲祖本，而宋刻八行本雖然有若干品種不絶如縷，卻只在名家題跋或校記中偶露峥嶸，未能形成十行本系統這樣的聲勢和傳承。阮刻《周禮注疏》內封題『重刊宋本』，但衆所周知，實際上是據元刻明修十行本重刻，只不過主事者錯認爲宋本罷了。

關於阮刻《周禮注疏》所據十行本，有幾個問題需要注意：（一）宋刻十行本注疏中，現存的《毛詩》《左傳》和清代亡佚的《禮記》均有劉叔剛木記，《穀梁傳》雖然行款版式與前三者相近，卻無劉叔剛木記。有學者將南宋建刻十行本注疏一概視爲劉叔剛刻本，甚至連失傳的十行本《周禮注疏》都推論爲劉叔剛合併卷帙並刊行者，恐未必然。因爲行款版式相近，有可能是書坊協商合作的結果，不能因此確定出自一手。黃永年《古籍版本學》就提到過類似的例子，南宋建陽書坊有『幾家有關係合作刻書的，如黃善夫的《史記》《後漢書》、劉元起的《漢書》和不知名書鋪名號的《三國志》，版式行款完全一致，顯然是有計劃的分工』。考慮到正經注疏的巨大體量，劉叔剛一人遍刻注疏的可能性也不大。在無實物及文獻佐證的情況下，我們只能確定有宋刻十行本《周禮注疏》的存在，不宜斷言具係劉叔剛刻成（《中華再造善本》影印的元刻明修十行本《周禮注疏》避宋諱『匡』『桓』等字，證明其確實源自宋刻）。（二）阮元校刻《周禮注疏》時依據的底本雖然只是元刻明修十行本，但其引據的惠校本《周禮注疏》和錢孫保所藏宋本《周禮注》卻非常重要，前者校記備載用内府所藏宋刻八行本注疏五十卷及盧見曾舊藏宋余仁仲刻經注本十二卷校出的異文，後者包括余仁仲本的《春官》《夏官》《冬官》原書。在無法直接利用宋刻八行本的情況下，惠校本的校記幫助阮元訂正了底本的不少訛誤，余仁仲本今已失傳（無論是惠棟曾經校勘的十二卷全本還是錢孫保收藏的三官殘本），阮元參校惠校本和錢孫保本，等於間接地參校了余仁仲本全書，其文本當然有舊刻不可及之佳處。儘管這種輾轉傳校不及直接校勘原書可靠，新增疏誤在所難免，但已可算是當時條件下的最優方案。張麗娟《〈周禮注疏校勘記〉『惠校本』及其他》一文對阮刻《周禮注疏》利用校本的問題進行了詳盡的探討，可參閲。

（三）八行本、十行本雖然都是注疏合刻本，但編纂思路完全不同。八行本以單疏本爲基礎，單疏本原爲五十卷，八行本也分爲五十卷，拆散經注，與各卷疏文相匹配；十行本應以余仁仲本《周禮注》爲基礎，盡量保持各卷中經文的完整性，拆散疏文，分置於各條經注下。二者分卷起止的不同及得失，在方向東《〈周禮注疏〉分卷探析》和王鍔《〈四庫全書總目〉『周禮注疏』提要辯證》中有全面的分析，約而言之，八行本因爲遷就疏文的緣故，『大司徒』『大宗伯』『小宗伯』『典瑞』『司服』『巾車』『大司馬』都分割在不同的卷内，阮刻本則較忠實地延續著十行本系統的分卷方案，幾乎杜絶了一職分屬多卷的現象（只有『匠人』分屬二卷，因其經注疏近一萬四千字，體量過於龐大），且各卷字數較爲均衡。武英殿本同樣源於元刻十行本，但進行了主動改編，盡可能地將相關屬官聚合於一處，雖各卷字數不及阮刻均衡，編排邏輯卻更合理。當然，這屬於十行本系統的内部矛盾，從整體來看，殿本和阮刻的分卷大同小異，都比八行本的原始分卷更便於閱讀。這也提醒我們，八行本與十行本的優劣對比，不是簡單的非黑即白，儘管《周禮疏》的單疏舊鈔本和三種八行本印本今天都已經能夠較方便地目驗其書影全文，但作爲十行本系統的集大成者，阮刻《周禮注疏》仍有影印校讀的價值。

阮刻《十三經注疏》過去影印過多次。大陸較早的通行本是中華書局一九八〇年翻印的世界書局縮印阮刻本，世界書局本是以清道光重校本爲底本，删去版心行格，拼合縮印而成，雖便翻檢，卻盡失古籍面目，且文字細若蚊足，閱讀吃力。大陸讀者自然豔羨藝文印書館影印的清嘉慶初刻本，因其保存刻本原貌，文本較爲可靠，這一遺憾直到中華書局於二〇〇九年翻印藝文印書館本的新版上市才算得到彌補。既然有中華書局新版珠玉在前，傳古樓何必費力再印阮刻嘉慶本？在此不妨舉一個例子。阮刻《周禮注疏》卷二十三所附校勘記『故書同作銅』條末句云：『謂《書》

《禮》今文必「銅」字，《書》《禮》古文必「同」字，失之固矣。』成書較早的阮元《周禮注疏校勘記》（清嘉慶文選樓刻本）、上圖所藏阮刻《附釋音周禮注疏》所附校勘記、中華書局翻印的世界書局本均作『失之固矣』，唯獨藝文印書館影印本此處作『夫之固矣』，連累臺灣『中研院』史語所製作的以文本精良著稱的『漢籍電子文獻資料庫』和中華書局翻印藝文印書館本也都錯成了『夫』字。所以此番影印嘉慶本原書，自有其意義，至於傳古樓此套印本筆畫清晰、批讀方便的優點，早爲業界熟知，就不必再强調了。

從二〇一三年影印《毛詩注疏》至今，已歷八年，阮刻《十三經注疏》的影印事業終於接近尾聲。作爲不知名的業界小兵，能有機會與同道合作，承擔這項早該完成的出版任務，既感慶幸，也覺惶恐。我始終牢記老師的教誨：『文獻學的任務，是爲其他學者的研究提供可靠材料和研究便利。我們應該買好菜，交給水平高超的厨師來加工，不是不得已，不要自己越俎代庖。』希望這套叢書的出版能對相關研究有所幫助，成效如何，就留待時間來檢驗吧。

二〇二一年九月十日　蔣鵬翔撰於湖南大學嶽麓書院

全書目録

第二册

卷五

天官冢宰下

卷六

卷七

卷十二

卷十三

地官司徒下

卷十四

第四册

卷十五

卷十六

卷十七

卷十八

卷十九

第五册

卷二十

卷二十一

卷二十二

春官宗伯下

卷二十三

卷二十四

卷二十八

卷二十九

第七册

卷三十

卷三十一

夏官司馬下

卷三十二

卷三十三

卷三十六

秋官司寇下

卷三十七

卷三十八

第九册

卷三十九

卷四十

卷四十一

卷四十二

本册目録

重栞宋本周禮注疏附校勘記

嘉慶二十年江西南昌府學開雕

太子少保江西巡撫兼提督揚州阮元審定武寧縣貢生盧宣旬校

欽定四庫全書總目周禮注疏四十二卷

漢鄭元注唐賈公彦疏元有易注已著錄公彦洺州永年人永徽中官至太學博士事蹟具舊唐書儒學傳周禮一書上自河閒獻王於諸經之中其出最晚其眞僞亦紛如聚訟不可縷舉惟橫渠語錄曰周禮是的當之書然其閒必有末世增入者鄭樵通志引孫處之言曰周公居攝六年之後書成歸豐而實未嘗行蓋周公之爲周禮亦猶唐之顯慶開元禮預爲之以待他日之用其實未嘗行也

惟其未經行故僅述大略俟其臨事而損益之故建都之制不與召誥洛誥合封國之制不與武成孟子合設官之制不與周官合九畿之制不與禹貢合云云案此條所云惟召誥洛誥孟子顯相舛異至禹貢乃唐虞之制武成周官乃梅賾古文尚書王制乃漢文帝博士所追述皆不足以爲難其說蓋離合參半其說差爲近之然亦未盡也夫周禮作於周初而周事之可考者不過春秋以後其東遷以前三百餘年官制之沿革政典之損益除舊布新不知凡幾其初去成康未遠不過因其舊章稍爲改易而改易之

人不皆周公也於是以後世之法竄入之其書遂雜其後去之愈遠時移勢變不可行者漸多其書遂廢此亦如後世律令條格率數十年而一脩脩則必有所附益特世近者可考年遠者無徵其增删之迹遂靡所稽統以爲周公之舊耳迨乎法制既更簡編猶在好古者留爲文獻故其書閱久而仍存此又如開元六典政和五禮在當代已不行用而今日尚有傳本不足異也使其作僞何不全僞六官而必闕其一至以千金購之不得哉且

作僞者必剽取舊文借眞者以實其贗古文尚書是也劉歆宗左傳而左傳所云禮經皆不見於周禮儀禮十七篇皆在七略所載古經七十篇中禮記四十九篇亦在劉向所錄二百十四篇中而儀禮聘禮賓行饔餼之物禾米芻薪之數籩豆簠簋之實鉶壺鼎甕之列與掌客之文不同又大射禮天子諸侯侯數侯制與司射之文不同禮記雜記載子男執圭與典瑞之文不同禮器天子諸侯席數與司几筵之文不同如斯之類與二禮多相

矛盾歆果贋託周公爲此書又何難牵就其文使與經傳相合以相證驗而必留此異同以啟後人之攻擊然則周禮一書不盡原文而非出依託可概睹矣考工記稱鄭之刀又稱秦無廬鄭封於宣王時秦封於孝王時其非周公之舊典已無疑義南齊書稱文惠太子鎮雍州有盜發楚王冢獲竹簡書青絲編簡廣數分長二尺有奇得十餘簡以示王僧虔僧虔曰是科斗書考工記則其爲秦以前書亦灼然可知雖不足以當冬官然百工爲

九經之一共工爲九官之一先王原以制器爲大事存之尚稍見古制俞庭椿以下紛紛割裂五官均無知妄作耳鄭注隋志作十二卷賈疏文繁乃析爲五十卷新舊唐志並同今本四十二卷不知何人所併元於三禮之學本爲專門故所釋特精惟好引緯書是其一短歐陽脩集有請校正五經劄子欲删削其書然緯書不盡可據亦非盡不可據在審別其是非而已不必竄易古書也又好改經字亦其一失然所注但曰當作某耳尚不似

北宋以後連篇累牘動稱錯簡則亦不必苛責於元矣公彥之疏亦極博核足以發揮鄭學朱子語錄稱五經疏中周禮疏最好蓋宋儒惟朱子深於禮故能知鄭賈之善云

周禮正義序

唐朝散大夫行太學博士弘文館學士臣賈公彥等奉

勑撰

夫天育蒸民無主則亂立君治亂事資賢輔但天皇地皇之日無事安民降自燧皇方有臣矣是以易通卦驗云天地成位君臣道生君有五期輔有三名注云三名公卿大夫又云燧皇始出握機矩表計寘其刻日。蒼牙通靈昌之成孔

演命明道經注云拒○燧皇謂人皇在伏
羲前風姓始王天下者斗機云所謂人
皇九頭兄弟九人別長九州者也是政
教君臣起自人皇之世至伏羲因之故
文耀鉤云伏羲作易名官者也又案論
語撰考云黄帝受地形象天文以制官
伏羲已前雖有三名未必具立官位至
黄帝名位乃具是以春秋緯命厤序云
有九頭紀時有臣無官位尊卑之別燧

皇伏羲既有官則其間九皇六十四民
有官明矣但無文字以知其官號也案
左傳昭十七年云秋郯子來朝公與之
宴昭子問焉曰少皞氏鳥名官何故也
杜氏注云少皞金天氏黃帝之子已姓
之祖也郯子曰吾祖也我知之昔者黃
帝氏以雲紀故爲雲師而雲名注云黃
帝軒轅氏姬姓之祖也黃帝受命有雲
瑞故以雲紀事百官師長皆以雲爲名

號縉雲氏蓋其一官也炎帝氏以火紀故爲火師而火名注云炎帝神農氏姜姓之祖也亦有火瑞以火紀事名百官也共工氏以水紀故爲水師而水名注云共工以諸侯霸有九州者在神農前大皞後亦受水瑞以水名官也大皞氏以龍紀故爲龍師而龍名注云大皞伏羲氏風姓之祖也有龍瑞故以龍命官也我高祖少皞摯之立也鳳鳥適至故

紀於鳥爲鳥師而鳥名又云鳳鳥氏歷正之類又以五鳥五鳩九扈五雉並爲官長亦皆有屬官但無文以言之若然則自上以來所云官者皆是官長故皆云師以目之又云自顓頊以來不能紀遠乃紀於近是以少皡以前天下之號象其德百官之號象其徵顓頊以來天下之號因其地百官之號因其事事即司徒司馬之類是也若然前少皡氏言

祝鳩氏爲司徒者本名祝鳩言司徒者以後代官況之自少皥以上官數略如上說顓頊及堯官數雖無明說可略而言之矣案昭二十九年魏獻子曰社稷五祀誰氏之五官蔡墨對曰少皥氏有四叔曰重曰該曰脩曰熙實能金木及水使重爲句芒該爲蓐收脩及熙爲玄冥世不失職遂濟窮桑此其三祀也注云窮桑帝○少皥之號也顓頊氏有子曰

犂爲祝融共工氏有子曰句龍爲后土此其二祀也后土爲社稷田正也有烈山氏之子曰柱爲稷自夏以上祀之周棄亦爲稷自商以來祀之故外傳犂爲高辛氏之火正此皆顓頊時之官也案鄭語云重犂爲高辛氏火正故堯典注高辛氏之世命重爲南正司天犂爲火正司地以高辛與顓頊相繼無隔故重犂事顓頊又事高辛若稷契與禹事堯

又事舜是以昭十七年服注顓頊之下云春官爲木正夏官爲火正秋官爲金正冬官爲水正中官爲土正高辛氏因之故傳云遂濟窮桑窮桑顓頊所居是度顓頊至高辛也若然高辛時之官唯有重黎及春之木正之等不見更有餘官也至於堯舜官號稍改楚語云堯復育重黎之後重黎之後即羲和也是以堯典云乃命羲和注云高辛之世命重

爲南正司天犂爲火正司地堯育重犂
之後羲氏和氏之子賢者使掌舊職天
地之官亦紀於近命以民事其時官名
蓋曰稷司徒是天官稷也地官司徒也
又云分命羲仲申命羲叔分命和仲申
命和叔使分主四方注仲叔亦羲和之
子堯既分陰陽四時又命四子爲之官
掌四時者字曰仲叔則掌天地者其曰
伯乎是有六官案下驩兜曰共工注共

工水官也至下舜求百揆禹讓稷契暨
咎繇帝曰棄黎民阻饑汝后稷播時百
穀注稷棄也初堯天官爲稷又云帝曰
契百姓不親汝作司徒又云帝曰咎繇
汝作士此三官是堯時事舜因禹讓述
其前功下文云舜命伯夷爲秩宗舜時
官也以先後參之唯無夏官之名以餘
官約之夏傳云司馬在前又後代況之
則羲叔爲夏官是司馬也故分命仲叔

注云官名蓋春爲秩宗夏爲司馬秋爲士冬爲共工通稷與司徒是六官之名見也鄭玄分陰陽爲四時者非謂時無四時官始分陰陽爲四時但分高辛時重黎之天地官使兼主四時耳而云仲叔故云掌天地者其曰伯乎若然堯典云伯禹作司空四時官不數之者鄭云初堯冬官爲共工舜舉禹治水堯知其有聖德必成功故改命司空以官名寵

異之非常官也至禹登百揆之任捨司
空之職爲共工與虞故曰垂作共工益
作朕虞是也案堯典又云帝曰疇咨若
時登庸鄭注云堯末時羲和之子皆死
庶績多闕而官廢當此之時驩兜共工
更相薦舉下又云帝曰四岳湯湯洪水
有能俾乂鄭云四岳四時之官主四岳
之事始羲和之時主四岳者謂之四伯
至其死分岳事置八伯皆王官其八伯

唯驩兜共工放齊鯀四人而已其餘四人無文可知案周官云唐虞稽古建官惟百內有百揆四岳則四岳之外更有百揆之官者但堯初天官爲稷至堯試舜天官之任謂之百揆舜即眞之後命禹爲之即天官也案尚書傳云惟元祀巡狩四岳八伯注云舜格文祖之年堯始以義和爲六卿春夏秋冬者幷掌方岳之事是爲四岳出則爲伯其後稍死

驩兜共工求代乃置八伯元祀者除堯
喪舜即眞之年九州言八伯者據畿外
八州鄭云畿内不置伯鄉遂之吏主之
案明堂位云有虞氏官五十夏后氏官
百殷二百周三百鄭注云有虞氏官蓋
六十夏百二十殷二百四十周三百六
十不得如此記也昏義云三公九卿二
十七大夫八十一元士鄭云蓋夏制依
此差限故不從記文但虞官六十唐則

未聞堯舜道同或皆六十并屬官言之
則皆有百故成王周官云唐虞建官惟
百也若然自高陽已前官名略言於上
至於帝嚳官號略依高陽不可具悉其
唐虞之官惟四岳百揆與六卿又堯典
有典樂納言之職至於餘官未聞其號
夏官百有二十公卿大夫元士具列其
數殷官二百四十雖未具顯案下曲禮
云六大五官六府六工之等鄭皆云殷

法至於屬官之號亦蔑云焉案昏義云三公九卿者六卿并三孤而言九其三公又下兼六卿故書傳云司徒公司馬公司空公各兼二卿案顧命太保領冢宰畢公領司馬毛公領司空别有芮伯爲司徒彤伯爲宗伯衛侯爲司寇則周時三公各兼一卿之職與古異矣但周監二代郁郁乎文所以象天立官而官益備此即官號沿革粗而言也

序周禮廢興

周公制禮之日禮教興行後至幽王禮儀紛亂故孔子云諸侯專行征伐十世希不失鄭注云亦謂幽王之後也故晉侯趙簡子見儀皆謂之禮孟僖子又不識其儀也至於孔子更脩而定之時已不具故儀禮注云後世衰微幽厲尤甚禮樂之書稍稍廢棄孔子曰吾自衛反於魯然後樂正雅頌各得其所謂當時在者而復重雜亂者也惡能存其亡者乎至孔子卒後復更散

亂故藝文志云昔仲尼沒微言絶七十二
弟子喪而大義乖諸子之書紛然散亂至
秦患之乃燔滅文章以愚黔首又云禮經
三百威儀三千及周之衰諸侯將踰法度
惡其周亡滅去其籍自孔子時而不具至
秦大壞漢興至高堂生博士傳十七篇孝
宣世后倉最明禮戴德戴聖慶普皆其弟
子三家立于學官案儒林傳漢興高堂生
傳禮十七篇而魯徐生善爲容孝文時徐
生以容爲禮官大夫而瑕丘蕭奮以禮至

淮陽太守孟卿東海人也事蕭奮以授后
倉后倉説禮數萬言號曰后氏曲臺記授
戴德戴聖鄭云五傳弟子則高堂生蕭奮
孟卿后倉戴德戴聖是爲五也此所傳者
謂十七篇即儀禮也周官孝武之時始出
秘而不傳周禮後出者以其始皇特惡之
故也是以馬融傳云秦自孝公已下用商
君之法其政酷烈與周官相反故始皇禁
挾書特疾惡欲絕滅之搜求焚燒之獨悉
是以隱藏百年孝武帝始除挾書之律開

獻書之路既出於山巖屋壁復入于秘府
五家之儒莫得見焉至孝成皇帝達才通
人劉向子歆校理秘書始得列序著于録
略然亡其冬官一篇以考工記足之時衆
儒並出共排以爲非是唯歆獨識其年尚
幼務在廣覽博觀又多銳精于春秋末年
乃知其周公致太平之迹迹具在斯奈遭
天下倉卒兵革並起疾疫喪荒弟子死喪
徒有里人河南緱氏杜子春尚在永平之
初年且九十家于南山能通其讀頗識其

說鄭衆賈逵往受業焉衆逵洪雅博聞又以經書記轉○相證明爲解逵解行於世衆解不行兼攬二家爲備多所遺闕然衆時所解說近得其實獨以書序言成王既黜殷命還歸在豐作周官則此周官也失之矣逵以爲六鄉大夫則冢宰以下及六遂爲十五萬家絚千里之地甚謬焉此比多多吾甚閔之从矣六鄉之人實居四同地故云絚千里之地者誤矣又六鄉大夫冢宰以下所非者不著又云多多者如此解

不著者多又云至六十爲武都守郡小少
事乃述平生之志著易尙書詩禮傳皆訖
惟念前業未畢者唯周官年六十有六目
瞑意倦自力補之謂之周官傳也案藝文
志云成帝時以書頗散亡使謁者陳農求
遺書于天下詔光祿大夫劉向校書經傳
諸子詩賦向輒條其篇目撮其指意録而
奏之會向卒哀帝復使向子歆卒父業歆
於是總羣書奏其七略故有六藝七略之
屬歆之録在於哀帝之時不審馬融何云

至孝成皇帝命劉向子歆考理祕書始得列序著於録略者成帝之時蓋劉向父子並被帝命至向卒哀帝命歆卒父所脩者故今文乖理則是也故鄭玄序云世祖以來通人達士大中大夫鄭少贛名興及子大司農仲師名衆故議郎衛次仲侍中賈君景伯南郡太守馬季長皆作周禮解詁又云玄竊觀二三君子之文章顧省竹帛之浮辭其所變易灼然如晦之見明其所彌縫奄然如合符復析斯可謂雅達廣攬

者也然猶有參錯同事相違則就其原文字之聲類考訓詁捃祕逸謂二鄭者同宗之大儒明理于典籍觕識皇祖大經周官之義存古字發疑正讀亦信多善徒寡且約用不顯傳于世今讚而辨之庶成此家世所訓也○其名周禮爲尚書周官者周天子之官也書序曰成王既黜殷命滅淮夷還歸在豐作周官是言蓋失之矣案尚書盤庚康誥說命泰誓之屬三篇序皆云某作若干篇今多者不過三千言又書之

所作據時事爲辭君臣相誥命之語作周官之時周公又作立政上下之別正有一篇周禮乃六篇文異數萬終始辭句非書之類難以屬之時有若茲焉得從諸又云斯道也文武所以綱紀周國君臨天下周公定之致隆平龍鳳之瑞然則周禮起於成帝劉歆而成于鄭玄附離之者大半故林孝存以爲武帝知周官末世瀆亂不驗之書故作十論七難以排棄之何休亦以爲六國陰謀之書唯有鄭玄徧覽羣經知

周禮者乃周公致大平之迹故能荅林碩之論難使周禮義得條通故鄭氏傳曰玄以爲括囊大典網羅衆家是以周禮大行後王之法易曰神而化之存乎其人此之謂也

附釋音周禮注疏卷第一

朝散大夫行太學博士弘文館學士臣賈公彥等奉

勅撰

國子博士兼太子中允贈齊州刺史吳縣開國男臣陸德明釋文

天官冢宰第一 ○陸德明音義曰本或作冢宰上非餘卷放此 【疏】天官冢宰鄭目錄云象天所立之官冢大也宰者官也天者統理萬物天子立冢宰使掌邦治亦所以摠御衆官使不失職不言司者大宰摠御衆官不主一官之事也○釋曰鄭云象天者周天有三百六十餘度天官亦摠攝三百六十官故云象天也云官者亦是管攝爲號故題曰天官也鄭又云冢大宰官也者下注對大宰則云冢者大之上此不對大宰故云冢大也宰者調和膳羞之名此冢宰亦能調和衆官故號大宰之官鄭又云不言司者大宰摠御衆官不主一官之事者此官不言司對司徒司馬司寇司空皆云司以其各主一官不兼羣職故言司此天官則兼攝羣職故不言司也若然則春官亦不言

司者以其祭祀鬼神鬼神非人所主故亦不言司也其地官鄭云象地所立之官彼言象地實主地事此天官言天直取摠攝爲言全無天事天事又並入於春官者言象天自取摠攝爲名象地自取掌物爲號各取一邊爲義理無嫌也○第一者第次也一者數之始也次第之中處一故云第一也鄭氏者漢大司農北海郡鄭冲之孫名玄字康成注者於經之下自注己意使經義可申故云注也孔君王肅之等則言傳傳者使可傳述若然或云注或言傳不同者並意有異無義例也

周禮　鄭氏注

惟王建國建立也周公居攝而作六典之職謂之周禮營邑於土中七年致政成王以此禮授之使居雒邑治天下司徒職曰日至之景尺有五寸謂之地中天地之所合也四時之所交也風雨之所會也陰陽之所和也然則百物阜安乃建王國焉○王如字干寶云王天子之號三代所稱雒音洛水名也本作洛後漢都洛之陽改爲雒景京領反下皆同

[疏]惟王建國○釋曰自此以下至以爲民極五句六官之首同此序者以其建國設官爲民不異故也王者臨統無邊故首稱惟王明事皆統之於王王既位矣當擇吉土以建國爲先故次言建國於中辯四方正宮廟

之位復體國經野自近及遠也於是設官分職助理天工衆人取中以爲治體列文先後次第應然其實建國之初豈未設官分職也直以作序之意主在設官分職爲民極耳故終言之惟王建國者言惟謂若尙書云惟三月之類皆辭不爲義建立也惟受命之王乃可立國城於地之中必居地中者案尙書康誥云惟三月哉生魄周公初基作新大邑于東國洛鄭注云岐鎬之域處五岳之外周公於政不均故東行於洛邑令諸侯謀作天子之居據鄭此言則文武所居爲非地中政教不均故居地中也案桓二年左氏傳云昔武王克商遷九鼎於洛邑則居洛本是武王之意至成王周公時恐天下爲疑更與諸侯謀定之也若然五帝以降堯治平陽舜治安邑唯湯居亳得地中以外皆不得地中而政令均天下治者其時雖不得地中並在五岳之內又以民淳易治故不要在地中以周則不在五岳之內故鄭云岐鎬處五岳之外也

○注建立至國焉○釋曰云周公居攝而作六典之職謂之周禮者案禮記明堂位云周公攝政六年制禮作樂頒度量於天下又案書傳亦云六年制禮作樂所制之禮則此周禮也又云而作六典者下文大宰之職掌建邦之六典天官治典地官教典春官禮典夏官政典秋官刑典冬官事典是六典之職也又云營邑於土中者即召誥云王來紹上帝自服

於土中是也又云七年致政成王者明堂位文必七年者洛誥云誕保文武受命惟七年鄭注以文武受命七年而崩周公不敢過其數也又云以此禮授之使居雒邑治天下者此鄭解周公制禮必兼言建國於洛邑之意案尚書洛誥云周公曰孺子來相宅亂爲四方新辟是使居洛邑也下云惠篤敘無有遘自疾是授以此禮使行之也又案書傳云一年救亂二年伐殷三年踐奄四年建侯衛五年營成周六年制禮作樂七年致政成王鄭用此文則四年封康叔於衛爲建侯衛案康誥云周公初基作新大邑洛謂初爲基阯之處至五年內營之是以書傳云五年營成周成周與王城同時營則五年營洛邑與孔安國爲營洛邑封康叔制禮作樂同是攝政七年異又引司徒職曰日至之景尺有五寸謂之地中彼先鄭注云土圭之長尺有五寸以夏至之日立八尺之表其景適與土圭等謂之地中今潁川陽城地爲然天地之所合者則禮記郊特牲云天地合萬物生謂天地配合萬物以生是也四時。交者則尚書云宅南交孔云夏與春交舉一隅若然則秋與夏交冬與春交可知也又云風雨之所會者謂若禮記禮器云風雨時即謂風雨會時也陰陽之所和者謂若昭四年申豐云冬無愆陽夏無伏陰二氣和順也然則百物阜安者阜盛也然猶如是如是於地中得所故百物盛安也乃建王國者於百物盛安之處乃立王國王國則洛邑王城是也鄭引此者破賈馬之徒建國爲諸侯國此六官同序皆云建國豈王國未立先建諸侯國乎明不可也

辨方正位

辨別也鄭司農云別四方正君臣之位君南面臣北面之屬玄謂考工匠人建國水地以縣置槷以縣視以景爲規識日出之景與日入之景晝參諸日中之景夜考之極星以正朝夕是別四方召誥曰越三日戊申太保朝至于雒卜宅厥既得卜則經營越三日庚戌太保乃以庶殷攻位於雒汭越五日甲寅位成正位謂此定宮廟○乃辨本亦作辯徐邈劉昌宗皆方免反一音平勉反別彼列反下同縣音玄下同槷魚列反下同召誥上上詔反下古報反大音泰汭人銳反

【疏】辨方正位○釋曰謂建國之時辨別也先須視日景以別東西南北四方使有分別也正位者謂四方既有分別又於中正宮室朝廷之位使得正也○注辨別至宮廟○釋曰辨別也此直訓不釋者司農云別四方義當矣故康成訓之也鄭司農者鄭衆字仲師但周禮之內鄭康成所存注者有三家司農之外又有杜子春鄭大夫者鄭少贛二鄭皆康成之先故言官不言名字杜子春非已宗故指其名也司農云正君臣之位君南面臣北面之屬者案易緯乾鑿度云不易者天在上地在下君南面臣北面父坐子

伏司農據而言焉玄謂者大略一部之內鄭玄若在司農諸
家上注者皆是玄注可知悉不言玄謂在諸家下注者即稱玄
謂以別諸家又在諸家前注者是諸家不釋者也又在諸家
下注者或增成諸家義則此司農云別四方於文不足引考
工記以證之是也或有破諸家者則此司農正位謂正君臣
面位引召誥爲宮室朝廷之位破之是也考工匠人建國水
地以縣者謂水平之法在地曰槷以繩縣於槷上然後從傍
以水望縣即知地之高下而平之也又云置槷以縣者既平
得地欲正其東西南北之時先於中置一槷恐槷下不正先
以縣正之槷正乃視以景景謂於槷端自日出畫之以至日
入即得景爲規識之故云爲規識日出之景與日入之景規
之交處即東西正也又於兩交之間中屈之指槷又知南北
正也仍恐不審晝參諸日中之景夜考諸北極之星以正朝
夕乃審矣引召誥以下者案召誥惟太保先周公相宅越若
來三月惟丙午朏越三日戊申太保朝至于洛汭卜宅此言
越三日戊申者從三月丙午朏朏明生之名月三日也則越
三日戊申月五日召公至洛汭也又云越三日庚戌太保乃
以庶殷攻位于洛汭月七日也越五日甲寅位成月十一日
也皆通本數之也宮室朝廷之位皆成也引之者證正位謂
此宮室位破司農爲君臣父子之位以其國家草創下論體

國經野理應先定宮廟等位豈有宮廟等位未成先正君臣面位乎又與匠人建國次第不合故鄭依匠人之次及召誥之文爲定宮室之位案左氏莊公傳云水昏正而栽知是十月始興土功今於三月爲洛邑者左傳用十月是尋常法今建王城遠迎先君之志是與作大事不可以常法難之也

體國經野

體猶分也經謂爲之里數鄭司農云營國方九里國中九經九緯左祖右社面朝後市野則九夫爲井四井爲邑之屬是也○體鄭云體猶分也干寶云體形體朝直遙反

疏

體國經野○釋曰體猶分也國謂城中也分國城之中爲九經九緯左祖右社之屬經謂爲之里數此野謂二百里以外三等采地之中有井田之法九夫爲井井方一里之等是也○注體猶至是也○釋曰言體猶分者謂若人之手足分爲四體得爲分也經謂爲之里數者此據野中而有井方一里之等故經爲里數解之司農云營國方九里已下並冬官考工記匠人文彼云營國方九里旁三門旁謂四方方三門則王城十二門門有三道三三而九則九道南北之道謂之經東西之道謂之緯經緯之道皆九軌又云左祖右社者此據中門外之左右宗廟是陽故在左社稷是陰故在右面朝後市者三朝皆是君臣治政之處陽故在前三市皆是貪利行刑之處陰故在後也又言野

則九夫爲井井此是地官小司徒職文彼云乃井牧其田野九夫爲井四井爲邑四邑爲丘四丘爲甸四甸爲縣四縣爲都都也井方一里邑方二里丘方四里甸方八里縣方十六里都方三十二里引彼文略故云之屬兼之也案載師職云家邑任稍地小都任縣地大都任畺地是畿內鄉遂及四等公邑皆爲溝洫法無此方里爲井之事家邑小都大都三等采地乃有方里爲井之屬但郊外曰野大摠言耳散文國外則曰野故鄉大夫職云國中七尺野自六尺是城外則經中野對國言之謂國外則曰野但鄭據小司徒成文而言

設官分職 鄭司農云置冢宰司徒宗伯司馬司寇司空各有所職而百事舉

疏 設官分職○釋曰既體國經野此須立官以治民故云設官分職也○注鄭司農至事舉○釋曰此謂設天地四時之官即六卿也既有其官須有司職故云各有所職職謂主也天官主治地官主教春官主禮夏官主政秋官主刑冬官主事六官官各六十則合有三百六十官官各有主故云百事舉

以爲民極 極中也令天下之人各得其中不失其所○令力呈反

疏 以爲民極○釋曰日人無主不散則亂是以立君治之君不獨治也又當立臣爲輔極中也言設官分職者以治民令民得其中正使不失其所故也○注

極中也至其所○釋曰極中也爾雅文案尚書洪範云皇建其有極惟時厥庶民於汝極謂皇建其有中之道庶民於之取中案尚書洪範云皇建其有極於下人各得其中不失所也

乃立天官冢宰使帥其屬而掌邦治以佐王均邦國

掌主也邦治王所以治邦國也佐猶助也鄭司農云邦治謂總六官之職也故大宰職曰掌建邦之六典以佐王治邦國六官皆總屬於冢宰故論語曰君薨百官總已以聽於冢宰言冢宰於百官無所不主爾雅曰冢大也冢宰大宰也○鄭云宰主也千云濟其清濁和其剛柔而納之中和曰宰治直吏反注邦治下治官皆同大宰音泰注及後放此

【疏】乃立至邦國○釋曰六官皆云乃立者以作序之由本序設官之意故先云以爲民極次云所設之官故皆云乃立騰上起下之辭也天官冢宰者據下注而言則此言冢宰者據總攝六職若據當職則稱大宰也使帥其屬案小宰六屬而言則此屬唯指六十官之屬也掌邦治者掌主也言主治則兼六官以其五官雖有教禮政刑事不同皆是治法也云佐王均邦國者以大宰掌均節財用故也周禮以邦國連言者據諸侯也單言邦單言國者多據王國也然不先均王國而言均邦國者王之冢宰若言王國

恐不兼諸侯今言邦國則舉外可以包內也○注掌主至宰也○釋曰玄云邦治王所以治邦國也者此即司農所引大宰職佐王治邦國一也但司農雖引之不指釋此經邦治故玄就足之司農引論語者欲見天子冢宰兼百官之義言百則三百六十亦一也且論語言君薨據諸侯言冢宰百官據天子互言之者欲見天子諸侯君死世子居喪使大臣聽政同也冢宰大宰者言不異人也

治官之屬大宰卿一人小宰中大夫二人宰夫下大夫四人上士八人中士十有六人旅下士三十有二人變冢言大進退異名也百官摠焉則謂之冢列職於王則稱大冢大之上也山頂曰冢旅衆也下士治衆事者自大宰至旅下上轉相副貳皆王臣也王之卿六命其大夫四命士以三命而下爲差○貳徐音二

疏治官至二人○釋曰上經所陳立官所掌有異此經陳官有尊卑多少轉相副貳之事也言治官之屬者此爲六十官之首別言治官之屬一句與下六十官爲目以摠是治官不釋唯指此一經至旅下士三十有二人而已凡官尊者少卑者多以其卑者宜勞尊者宜逸是以下士稱旅以其理衆事

故特言旅也小宰與大宰同名大小爲異故鄭注禮記王制引此六卿下中大夫十二人爲十二小卿以其宰夫是大宰之考謂若地官之考爲鄉師春官之考爲肆師夏官之考爲軍司馬秋官之考爲士師冬官之考爲匠師以其掌事不與大官同故異大官也宰者調和之名夫者治也以其治此一官所主事也○注變冢至爲差○釋曰變冢言大者上唯云冢宰此唯云大宰是變冢言大也云進退異名者即百官摠爲謂貳王治事摠攝三百六十官則謂之冢是進異名也列職於王則謂之大者不摠百官與五卿並列各自治六十官則退異名也若然摠百官則稱冢以其天官象天覆萬物案經大宰職曰凡邦之小治冢宰聽之是專國小治而稱冢也司書職曰掌六典八法八則之貳以詔王及冢宰是貳王事摠衆職而稱冢也又宰夫職曰乘其財用之出入凡失財用物辟名者以官刑詔冢宰而誅之是摠衆官誅賞而稱冢也又司會職曰以周知四國之治以詔王及冢宰廢置是摠四國之治而稱冢也若主當官不兼他職則言大者謂若下文大喪贊贈玉含玉賓客贊玉几玉爵祀五帝則涖卜如此之類與諸官並有事則稱大也云冢大之上也者以其大宰與五官同名大今又別稱冢是冢在大之上也又引爾雅山頂曰冢者欲見山則大矣冢又在頂證冢在大上之意也又云

旅衆也下士治衆事者欲見尊官逸卑官勞之意也又云自大宰至旅下士轉相副貳皆王臣也者大卿一人小卿則二上人已下皆去上一倍者是轉相副貳也言王臣者自士以上得王簡策命之則爲王臣也對下經府史胥徒不得王命官長自辟除者非王臣也又云王之卿六命其大夫四命者典命文大夫無中下之別案序官則有中下大夫則四命大夫自分爲中下似若侯伯同七命子男同五命爵則有高下不同也士以三命爲差但典命直見公卿大夫命者欲見有出封之事故彼云其出封皆加一等士爵卑無出封之理故不言也彼士之命數既不言知三命以下者正見一序官之士中士下士三等典命除六命四命無三命二命一命則上約之上士爲三命中士爲再命下士爲一命若然王朝三公八命卿六命大夫四命皆爲陰爵以待出封爲諸侯乃爲陽爵九命七命五命士既不得出封故在王朝有三命一命亦爲陽爵無嫌也

府六人史十有二人府治藏史掌書者凡府史皆其官長所自辟除

【疏】府至二人○釋曰府治府藏史主造文書也○注府治至除○釋曰案下宰夫八職云五曰府掌官契以治藏六曰史掌官書以贊治故鄭云府治藏史掌書又云官長所自辟除者官長謂一官之長若治官六十其下府史皆大宰所

辟召除其課役而使之非王臣也周禮之内府史大例皆府少而史多而府又在史上唯有御史百有二十人特多而在府上鄭云以其掌贊書數多也又有府兼有史以其當職事繁故也或空有史而無府者以其當職事少得史即足故也至於角人羽人等直有府無史以其當職文書少而有稅物須藏之故直有府也腊人食醫之等府史俱無者以其專官行事更無所須故也周禮之内唯有天府一官特多於史以其所藏物重故也

胥十有二人徒百有二十人

此民給徭役者若今衛士矣胥讀如諝謂其有才知爲什長○胥鄭徐劉思叙反戚思餘反下皆同徭音遥諝劉思叙反

【疏】胥十至十人○釋曰胥有才智爲什長徒給使役故一胥十徒也○注此民至什長○釋曰案下宰夫八職云七曰胥掌官叙以治叙八曰徒掌官令以徵令鄭云治叙次序官中如今待曹伍伯傳吏朝也徵令趨走給召呼案禮記王制云下士視上農夫食九人禄足以代耕則府食八人史食七人胥食六人徒食五人禄其官並亞上故號庶人在官者也鄭云若今衛士者衛士亦給徭役故舉漢法況之又云胥讀如諝謂其有才智爲什長者案周室之内稱胥者多謂若大胥小胥胥師之類雖不爲什長皆是有才智之稱彼不讀從諝從此讀可知唯

有追胥胥是伺捕盜賊非有才智也易歸妹六二以須注云須才智之稱天文有須女屈原之姊名女須彼須字此與異者蓋古有此二字通用俱得爲有才智也周禮上下文有胥必有徒胥爲什長故也腊人之類空有徒無胥者得徒則足不假長帥故也食醫之類胥徒並無者以其專官行事不假胥徒也

宮正上士二人中士四人下士八人府二人史四人胥四人徒四十人正長也宮正主宮中官之長○宮正此以下鄭摠列六十職序于注則各於其職前列之

〔疏〕宮正至十八人○釋曰上大宰至旅下士摠馭羣職故爲上首自此宮正已下至夏采六十官隨事緩急爲先後故自宮正至宮伯二官主宮室之事安身先須宮室故爲先也自膳夫至腊人皆供王膳羞飲食饌具之事人之處世在安與飽故食次宮室也自醫師已下至獸醫主療疾之事有生則有疾故醫次食饌也自酒正至宮人陳酒飲肴羞之事醫治既畢須酒食養身故次酒肴也自掌舍至掌次安不忘危出行之事故又次之自大府至掌皮並是府藏計會之事既有其餘理須貯積或出或內宜計會之故相次也自內宰至屨人陳后夫人

已下內教婦功婦人衣服之事君子明以訪政夜以安息故言婦人於後也夏采一職記招魂以其死事故於末言之也此宮正并下宮伯雖俱訓爲長其義則異若宮正則主任三宮卿大夫士之身故爲宮中官之長故其職云以時比宮中之官府故宮伯所掌者亦掌之故言正長也宮伯云長者直主宮中卿大夫士之適子庶子行其秩敘授其舍次之事亦得爲長故云伯長也宮正上士二人爲官首中士四人爲之佐下士八人理衆事府二人主藏文書也史四人主作文書胥四人爲什長徒四十人給徭役諸官體例言府史胥徒之義皆然不可文文重釋他皆放此周禮之內宗伯之類諸言伯者伯長也以尊長爲名縣師之類言師者皆取可師法也諸稱人者若輪人車人腊人鼈人之類即冬官鄭云其曰某人者以其事名官言氏者有二種謂若桃氏爲劒築氏爲削之類鄭注冬官族有世業以氏名官若馮相氏保章氏師氏保氏之類鄭注引春秋官有世功則有官族是也諸稱司若司裘司市之類言司者皆是專任其事事由於己故以司言之也諸典婦功典絲典枲之類言典者出入由己課彼作人故謂之爲典也諸稱職者謂若職幣職內職歲財不久停職之而已凡云掌者有三義一者他官供物已則暫掌之而已若幕人供帷幕幄帟掌次張之也二則掌徵斂之官若掌皮

掌染草之類是也三者掌非已所爲則掌節掌固掌彊本非已造廢壞修之而已也自外不稱典司職掌者皆是逐事立名以義銓之可曉也凡六官序官之法其義有二一則以義類相從謂若宮正宮伯同主宮中事膳夫庖人外內饔同主造食如此之類皆是類聚羣分故連類序之二則凡次序六十官不以官之尊卑爲先後皆以緩急爲次弟故此宮正之弟士官爲前內宰等大夫官爲後也

宮伯中士二人下士四人府一人史二人胥二人徒二十人伯長也

膳夫上士二人中士四人下士八人府二人史四人胥十有二人徒百有二十人膳之言善也今時美物曰珍膳膳夫食官之長也鄭司農以詩說之曰仲允膳夫○膳上戰反疏注膳之至膳夫○釋曰言膳夫食官之長者謂與下庖人內外饔亨人等爲長也司農引詩云者是小雅刺幽王詩膳夫仲允爲之引證與此膳夫爲一事也

庖人中士四人下士八人府二人史四人賈八人胥四人徒四十人庖之言苞也裹肉曰苞苴賈主市買知物賈○庖徐扶交反賈八人鄭徐音古劉音嫁下放此裹音果苴子餘反物賈音嫁

疏注庖之至物賈○釋曰言庖者今之廚轉作包○者欲取庖人主六獸六禽以供庖廚有裹肉之意也又云裹肉曰包苴者詩云野有死麕白茅包○之禮記內則云炮取豚若將編萑以苴之皆是裹肉之物故云裹肉曰苞苴也又云賈市買知物賈者下文九職鄭注行曰商處曰賈賈乃在市而處者故知物賈此特有賈人者庖人牲當市之故也

內饔中士四人下士八人府二人史四人胥十人徒百人饔割亨煎和之稱內饔所主在內○饔鄭於容反亨普庚反劉普孟反稱尺證反

疏注饔割至在內○釋曰饔和也熟食曰饔熟食須調和故號曰饔其職云掌王及后世子之割亨割亨則須煎和故云割亨煎和之稱又云所主在內者以其掌王及后世子及宗廟皆是在內之事

外饔中士四人下士八人府二人史四人胥十人徒百人外饔所主在外【疏】注外饔所主在外○釋曰案其職云掌外祭祀及邦饗孤子耆老割亨皆是在外之事故云所掌在外也此饔有內外可對故云內外饔至於內宰內豎內司服自掌婦人之事而稱內不對外爲名也

亨人下士四人府一人史二人胥五人徒五十人主爲外內饔煑肉者○亨普庚反爲于僞反下爲主同【疏】注主爲至肉者○釋曰其職云給外內饔亨煑故云爲外內饔煑肉也

甸師下士二人府一人史二人胥三十人徒三百人郊外曰甸師猶長也甸師主共野物官之長○甸田遍反共音恭下皆同【疏】注郊外至之長釋曰案載師云任近郊遠郊之地次即云公邑之田任甸地甸地即在百里遠郊外天子藉田又在南方甸地故稱此官

爲甸師也然此官主地事不在地官者以其供野之薦又給薪蒸以供亨餁故在此次亨人也又云主供野物官之長或云與地官掌葛掌炭掌蜃委人等同掌供野物故與彼官爲長若然彼屬地官此屬天官越分相領恐理不愜此甸師當與下獸人已下亦供野物爲長也故下數職注不言長明甸師與之爲長但獸人等中士此爲下士下士得與中士爲長者如大史下大夫內史中大夫鄭云大史史官之長彼下大夫與中大夫爲長此下士亦與中士爲長有何嫌也徒三百人特多者天子藉田千畝藉借此三百人耕耨故多也

獸人中士四人下士八人府二人史四人胥四人徒四十人（疏）獸人○釋曰案其職云掌罟田獸冬獻狼夏獻麋供膳羞故在此也

䱷人中士二人下士四人府二人史四人胥三十人徒三百人○䱷音魚本又作魚亦作魰同又音御（疏）䱷人○釋曰案其職云掌以時䱷爲梁春獻王鮪亦供魚物故在此也徒亦三百人者馬融云池塞苑囿取魚處多故也

鼈人下士四人府二人史二人徒十有六人○鼈必列反【疏】鼈人○釋曰案其職云祭祀供蠯蠃蚳亦是供食物故在此也

腊人下士四人府二人史二人徒二十人腊之言夕也○腊音昔【疏】腊人○釋曰注腊之言夕也乾曰腊朝曝於夕乃乾故云腊之言夕或作夗字夗乃乾成義亦通也以其供脯腊膴胖食物故亦在此也

醫師上士二人下士四人府二人史二人徒二十人醫師眾醫之長○醫意其反【疏】醫師○釋曰案其職云掌醫之政令聚毒藥以供醫事諸醫皆在此者醫亦有齊和飲食之類故設在飲食之間也

食醫中士二人食有和齊藥之類○和胡卧反又音禾齊才計反【疏】食醫釋曰案其職云春多酸夏多苦之等皆須齊和與藥故同鄭云食有和齊藥之類故在醫官之內也

疾醫中士八人疏疾醫○釋曰案其職云掌養萬民之疾病故連類在此

瘍醫下士八人瘍創癰也○瘍音羊創初良反疏瘍醫○釋曰案其職云掌腫瘍潰瘍之等故亦連類在此○注瘍創癰也○釋曰案禮記上曲禮云頭有創則沐身有瘍則浴案其職有腫瘍等四種之瘍注潰則未必有膿也故亦連類在此也

獸醫下士四人獸牛馬之類○疏注獸牛馬之屬○釋曰案爾雅在野曰獸在家曰畜畜獸異矣而言獸牛馬者但此職云主治牛馬未必治其野獸而以牛馬爲獸者對文則畜獸異散文通故爾雅又云兩足而羽謂之禽四足而毛謂之獸既不別釋畜則獸中可以兼牛馬是其牛馬亦有畜稱故云獸牛馬也

酒正中士四人下士八人府二人史八人胥八人徒八十人酒正酒官之長疏酒正至十人○釋曰案其職云掌酒之政令以式法授酒材與膳食相將故在此○注酒正酒官之長釋曰此酒正與下酒人漿人爲長注雖不言漿文略也

酒人奄十人女酒三十人奚三百人奄精氣閉藏者今謂之宦人月令仲冬其器閎以奄女酒女奴曉酒者古者從坐男女沒入縣官爲奴其少才知以爲奚今之侍史官婢或曰奚官女○奄於撿反劉於驗反徐於劒反奚如字又胡禮反坐才卧反

【疏】釋曰酒人至百人○其與女酒及奚同職故用奄人奄不稱士則此奄亦府史之類以奄爲異也言女酒三十人則女酒與奚爲什長若胥徒也奚三百人以其造酒故須人多也○注奄精至宦女○釋曰案月令冬三月皆云其氣閟以奄獨引仲冬者以其十一月一陽爻生以其奄人雖精氣閉藏猶少有精氣故也又云女酒女奴曉酒者云云鄭依秋官司厲從坐男女沒入縣官爲奴則奴者男女同名以其曉解作酒有才智則曰女酒其少有才智給使者則曰奚已下云曉者謂曉解當職之物不復重釋之也侍使官婢舉漢法言之又云或曰官女者漢時有此別號按左氏晉惠公之女名妾稱爲宦女謂宦事秦公子亦云宦女也

漿人奄五人女漿十有五人奚百有五十人

女漿女奴曉漿者。漿子艮反【疏】漿人。釋曰在此者案其職云掌供王之六飲入于酒府飲是酒類故在此也

凌人下士二人府二人史二人胥八人徒八十人凌冰室也詩云二之日鑿冰沖沖三之日納于凌陰。凌力證反字從冰冰或力升反【疏】凌人至十人。釋曰凌人在此者案其職云掌冰凡外內饔之膳羞鑑焉以供為膳羞故連類在此也。注凌冰至凌陰。釋曰引詩曰二之日者案詩之所釋謂周之二月夏之十二月之日鑿冰者謂於深山窮谷固陰沍寒之處於是乎取之沖沖鑿冰之意三之日謂周之三月夏之建寅之正月納冰於凌陰室中案彼又云四之日其蚤獻羔祭韭啓冰之時也鄭荅志以夏十二月取冰二月開冰四月班冰是其常也藏之既晚出之又早晚者建寅乃藏與此周禮十二月藏冰校一月故出之早者四月夏之二月出冰與周禮同令豳土寒故納冰可用夏正月也引之者證凌陰即此冰室為一物也

籩人奄一人女籩十人奚二十人竹曰籩女籩女奴之曉籩者【疏】籩人至十人。釋曰在此者案其職云掌四籩之實亦是薦羞之事故在此也。注竹曰至籩者。釋曰

知竹曰籩者，更無異文，見竹下爲之，即知以竹爲之，故云竹曰籩也。

醢人，奄一人，女醢二十人，奚四十人。醢，豆實也。不謂之豆，此主醢，豆不盡于醢也。女醢，女奴曉醢者。○醢，呼在反。盡，津忍反。[疏]醢人至十人○釋曰：案其職云掌四豆之實，亦是薦羞，故在此也。○注"醢豆"至"醢者"○釋曰：云"不謂之豆"者，決上籩人不以籩中之實爲名，而以籩爲官號，此即以豆中之實爲官號，不謂之豆人。此是問辭，鄭還自荅："豆不盡於醢"者，其豆之所盛非止此職中四豆之實而已。天子豆百二十，上公豆四十，侯伯豆三十二，子男豆二十四，上大夫二十，下大夫十六，彼有膷、臐、膮、胾、炙、膾之屬，其數甚多，是豆不盡盛醢而已。若言豆人，恐彼並掌之，此醢人惟掌此四豆之實而已，故不得言豆人而言醢人也。

醯人，奄二人，女醯二十人，奚四十人。女醯，女奴曉醯者。○醯，本又作醓，呼西反。[疏]醯人○釋曰：醯人在此者，案其職云掌共五齊七菹，以供醯物，則與醢人職通。醢人惟主作醢，但成齊菹必須醯物乃成，故醯人兼言齊菹而連類在此也。

鹽人奄二人女鹽二十人奚四十人女鹽女奴曉鹽者〔疏〕鹽人○釋曰在此者案其職云掌鹽之政令以供百事之鹽鹽所以調和上食之物故亦連類在此也

冪人奄一人女冪十人奚二十人以巾覆物曰冪女冪女奴曉冪者○冪莫歷反〔疏〕冪人○釋曰冪人在此者案其職云掌供巾冪所以覆飲食之物故次飲食後

宮人中士四人下士八人府二人史四人胥八人徒八十人〔疏〕宮人○釋曰宮人在此者案其職云掌王之六寢之脩又供王沐浴掃除之事是安息王身故在此也

掌舍下士四人府二人史四人徒四十人舍行所解止之處○解佳賣反〔疏〕掌舍至十人○釋曰云在此者案其職云掌王之會同之舍設梐枑再重亦是安王身之事故亦在此○注舍行至之處○釋曰案其職云設車宮壇壝宮帷宮之等並是解脫止息之處故云解止之處也

幕人下士一人府二人史二人徒四十人幕帷
覆上者○〔疏〕幕人至十人○釋曰在此者案其職云掌帷
幕武博反　幕幄帟綬之事亦是安王身之事故在此也
注幕帷覆上者○釋曰案下職中鄭注云在
旁曰帷在上曰幕是其幕乃帷之覆上者也
掌次下士四人府四人史二人徒八十人次自
脩正〔疏〕掌次至十人○釋曰在此者案其職云掌王次之
之處　法以待張事幕人供之掌次張之故連類在此也
注次自脩正之處○釋曰案其職云張大次設
重帟重案皆是自脩止故云自脩止之處也
大府下大夫二人上士四人下士八人府四大府
人史八人賈十有六人胥八人徒八十人
爲王治藏之長〔疏〕大府至十人○釋曰在此者案其職云
若今司農矣　掌太貢九賦受其貨賄之入頒其貨賄
于諸府之事案尚書洪範云一曰食二曰貨已上皆言飲食
此次言貨賄故大府在此也有賈者府官須有市買并須知

物貨善惡故也○注大府至農矣○釋曰大府與下諸府官爲長故以大夫爲之云若今司農矣者漢時司農主治藏故史游章云司農少府國之淵

玉府上士二人中士四人府二人史二人工八人賈八人胥四人徒四十有八人工能攻玉者

〔疏〕玉府至八人○釋曰玉府在此者案其職云掌王之金玉玩好兵器凡良貨賄之藏以玉爲主故與大府同在此有工八人者以其使攻玉故也有賈者使辨玉之善惡貴賤故也○注工能攻玉者○釋曰工謂作工案詩云他山之石可以攻玉故須工

內府中士二人府一人史二人徒十人內府主良貨賄藏在內者○賄呼罪反

〔疏〕內府○釋曰內府在此者案其職云掌九貢九賦九功之貨賄良兵良器故在此也

外府中士二人府一人史二人徒十人外府主泉藏在

外〔疏〕外府至十人○釋曰外府在此者案其職云掌邦布之出入以共百事故在此也○注外府至外者○釋曰泉布本是外物無在內府故對內府爲外也

司會中大夫二人下大夫四人上士八人中士十有六人府四人史八人胥五人徒五十人會大計也司會主天下之大計計官之長若今尚書○會古外反注同尚音常〔疏〕司會至十人○釋曰在此者案其職云掌邦之六典八法八則之貳以逆邦國都鄙官府之治主天下大計貨賄亦須計會故與大府連類在此也○注會大至尚書○釋曰言會大計者案宰夫職日計曰成月計曰要歲計曰會故知會大計也云主天下之大計者其職云逆邦國都鄙官府是句考徧天下云若今尚書者漢之尚書亦主大計故舉以況之也

司書上士二人中士四人府二人史四人徒八人司書主計會之簿書○簿步古反後簿書皆同〔疏〕司書至簿書○釋曰注司書在此者會計之事

司書主之故其職云凡上之用財用必攷于司會故連類在此此也注言簿書者古有簡策以記事若在君前以笏記事後代用簿簿今手版故云吏當持簿簿則簿書也

職内上士二人中士四人府四人史四人徒二十人職内主入也若今之泉所入謂之少内○少詩照反疏職内至十人○釋曰在此者案其職云掌邦之賦入辨其財用之物而執其總入大府者皆由職内亦有府義故鄭云受藏之府若職内故其職在此也○注若今至少内○釋曰漢之少内亦主泉所入案王氏漢官解云小官嗇夫各擅其職謂倉庫少内嗇夫之屬各自擅其條理所職主由此言之少内藏聚似今之少府但官卑職碎以少爲名

職歲上士四人中士八人府四人史八人徒二十人主歲計以歲斷○斷丁亂反疏職歲○釋曰在此者案其職云掌邦之賦出以貳官府都鄙之財出賜之數以待會計而考之總斷一歲之大計故與司會同在此也

職幣上士二人中士四人府二人史四人賈四人胥二人徒二十人（疏）職幣○釋曰在此者案其職云掌式法以斂官府都鄙與凡用邦財者之幣以待上之賜予與職歲通職故連類在此也若然此三職皆有府義不得名府者以財不久停故也

司裘中士二人下士四人府二人史四人徒四十人（疏）司裘○釋曰在此者案其職云掌爲大裘并掌皮亦有此府義故在此

掌皮下士四人府二人史四人徒四十人（疏）掌皮○釋曰在此者案其職云掌秋斂皮冬斂革春獻之亦有府義故連類在此也

內宰下大夫二人上士四人中士八人府四人史八人胥八人徒八十人內宰宮中官之長（疏）內宰至十人○釋曰名內宰者對大宰治百官內宰治婦人之事故名內宰然則大宰不稱外者爲兼統內也案其職云掌治王內

之政令又教后已下婦德之事以王事少暇故次在此也○
注內宰至之長○釋曰內宰與下女史已下爲長故鄭云宮
中官之長

內小臣奄上士四人史二人徒八人奄稱士者異其賢

疏內小至八人○釋曰在此者案其職云掌王后之命正
其服位案夏官大僕職云出入王之大命正其服位則
此小臣侍后職與大僕侍王同亦是佐后之事故在此用奄
者以其所掌在內故○注奄稱士者異其賢○釋曰案上酒
人奚人等奄並不稱士則非士也獨此云以其有賢行命爲
士故稱士也案詩巷伯奄官也注云巷伯內小臣小臣於宮
中爲近故謂之巷伯必知巷伯與小臣爲一人者以其俱名
奄又言巷亦宮中爲近又稱伯長也內小臣又稱士亦是長
義故知一人也

閽人王宮每門四人囿游亦如之閽人司昬晨以啓閉者刑
人墨者使守門囿御苑也游離宮也疏閽人至如之○釋
○閽音昬囿音又游本亦作游音由曰在此者以其掌

守中門之禁王宮在此故亦在此周禮之內有同官別職則此閽人每門及囿遊同名閽人而職別山虞澤虞云每大澤大山及川衡林衡亦是別職同官也別官同職者唯有官連耳○注閽人至宮也○釋曰云閽人司昏晨以啓閉者此釋名閽人之意昏時閉門則此名閽人也晨時啟門則論語謂之晨人○也皆以時事為名耳又云刑人墨者使守門此秋官掌戮職文鄭彼注云縣者無妨於禁禦欲使守門案其職云掌守中門之禁言中門則唯雉門耳而言每門者彼言中門据有禁守者言之其實王之五門皆使墨者守之或解以為王有五門四面皆有中門故言每門義亦通也案禮記云古者不使刑人守門彼鄭注謂夏殷時公羊云閽殺吳子餘祭近刑人輕死之道彼據人君加之寵故云近刑人輕死之道若君有防衛不親近則非近刑人其劓者使守關以其醜惡遠之不得約彼即以十二門皆使墨者也詩云昬椓靡共箋云皆奄人彼据后宮門故使奄者也又云囿御苑者案詩云王在靈囿注云所以養禽獸天子百里諸侯四十里案孟子齊宣王問孟子云文王之囿方七十里猶以為小寡人囿方四十里猶以為大何也孟子荅文王之囿芻蕘者往焉雉兔者往焉與民同之故以為小不亦宜乎君之囿民殺其麋鹿者如殺人之罪民以為大不亦宜乎則文王之囿方七十里者六

於諸侯小於天子故也白虎通又云天子百里大國四十里次國三十里小國二十里與孟子不同者白虎通細別言之也又云游離宮者囿是大苑其門皆使閽人守之也此離宮即囿游之獸禁故彼鄭云謂囿之離宮小苑觀處也或以爲游亦謂城郭中與公所爲者也

寺人王之正内五人寺之言侍也詩云寺人孟子正内路寢

疏 寺人至五人○釋曰在此者案其職云掌王之内人及女宮之戒令故在此○注寺之至路寢○釋曰云寺之言侍者欲取親近侍御之義此奄人也知者見僖二十四年晉文公既入吕郤欲焚公宮寺人披請見公使讓之且辭焉披曰齊桓公置射鉤而使管仲相君若易之行者甚衆豈唯刑臣彼寺人披自稱刑人明寺人奄人也若然寺人既掌内人不掌男子而秦詩云欲見國君先令寺人而掌男子者彼秦仲宣王命作大夫始大有車馬其官未備故寺人兼小臣是以寺人得掌男子詩云寺人孟子者引證經寺人孟子同也又云正内路寢者寺人既不得在王之路寢而云内正五人者謂在后之路寢耳若王之路寢不得稱内以后宮故以内言之故先鄭下注后六宮前一後五前一則路寢

内豎倍寺人之數 豎未冠者之官名○冠古亂反

疏 內豎至之數○釋曰在此者案其職云掌內外之通令凡小事故與寺人連類在此也○注豎未至官名○釋曰春秋左氏傳叔孫穆子幸庚宗婦人而生牛以爲豎官則亦童豎未冠者必使童子爲之者鄭於其職注云使童豎通王內外之命給小事者以其無與爲禮出入便疾也

九嬪 嬪婦也昏義曰古者天子后立六宮三夫人九嬪二十七世婦八十一御妻以聽天下之內治以明章婦順故天下內和而家理也不列夫人于此官者夫人之於后猶三公之於王坐而論婦禮無官職○嬪符真反治直吏反

疏 九嬪○釋曰在此者以其有婦德其職云掌婦學之法以教九御同是內官之官故亦在此○注嬪婦也至官職○釋曰引昏義者彼是周之婦官之數與此經婦人數同故引以爲證案禮記上檀弓云舜葬蒼梧蓋三妃未之從鄭注云帝嚳時立四妃象后妃四星其一明者爲正妃其三小者爲次妃帝堯因焉至舜不告而娶不立正妃但三夫人而已夏后氏增以三三而九爲十二人殷人又增以三九二十七合三十九人周人上法帝嚳而立正妃又三二十七爲八

十一人以增三十九并后合百二十一人其位后也夫人也九嬪也二十七世婦也八十一女御也又云不列夫人于此惟有九嬪已下是無三夫人之數也又云夫人之於后猶三公之於王坐而論婦禮無官職者謂三百六十官無三公之官冢大司徒職云二卿則公一人鄭注云三公者内與王論道中參六官之事外與六卿之教又案冬官考工記云坐而論道謂之王公注云天子諸侯然則公中合有三公坐而論道無正職故云中參外與而已三夫人亦然故云坐而論禮無官職故不列之也

世婦　不言數者君子不苟於色有婦德者充之無則闕【疏】注不言至則闕○釋曰在此者案其職云掌祭祀賓客喪紀帥女宮而濯溉故亦在此九嬪言數而世婦女御不言數者君子不苟於色有婦德乃充之不言王而云君子者謂君子爲王乃能不苟色也九嬪言數者欲見世婦女御有德亦充若九嬪無德亦與世婦女御同闕故特互其文令義兩得見耳

女御　昏義所謂御妻御猶進也侍也【疏】注昏義至侍也○釋曰彼不云女御而云御妻御進也故彼引

爲一物也又云御猶進也侍也者凡后下御皆是后宮進在王寢侍息宴故女御職云掌御叙于王之燕寢是以訓御云進也侍也

女祝四人奚八人　女祝女奴曉祝事者○祝之六反鄭又之又反　疏　女祝至八人○釋曰在此者案其職云掌王后之內祭祀凡內禱祠之事故在此也○注女祝至事者○釋曰言女奴曉事謂識文者爲之也

女史八人奚十有六人　女史女奴曉書者　疏　女史○釋曰在此者案其職云掌王后之禮職內治之貳亦女奴曉文者爲之其職與王之大史掌禮同故在此也

典婦功中士二人下士四人府二人史四人工四人賈四人徒二十人　典主也典婦功者主婦人絲枲功官之長　疏　典婦○釋曰在此者案其職云掌婦式之法以受嬪婦及內人女功之事齎故鄭注云典主也典婦功者主婦人絲枲功

官之長其職中齎是也云賈四人者以其絲枲有善惡貴賤之事故須賈人也

典絲。下士二人府二人史二人賈四人徒十有二人〔疏〕。釋曰在此者案其職云掌絲入而辨其物須絲于外內工皆以物授之因婦功亦在此也

典枲下士二人府二人史二人徒二十人。枲絲里反〔疏〕典枲。釋曰枲麻也案喪服傳云牡麻者枲麻也則枲是雄麻對苴是麻之有蕡實者也在此者與典婦功亦連類在此也

內司服奄一人女御二人。奚八人內司服主宮中裁縫之長有女御者以衣服進或當於王廣其禮使無色過。縫戚奉容反徐扶用反下同〔疏〕內司至八人。釋曰以其掌后已下六服言內司服者非是對春官司服男子服為內但是男子之物不言外者在外是其常也故不須言外而外自顯但以婦人在內故婦人之事多言內若不言內無以得見婦人之物不與春官司服同處者以從內官之例故在此有

奄一人者以其衣服事多須男子兼掌以與婦人同處故用奄也○注内司服至色過○釋曰言主宫中裁縫官之長者謂其下文縫人爲長又云有女御者以衣服進或當於王廣其禮使無色過者以此女御還是女奴曉進御衣服者故與女酒女祝女史同號女也以衣服進謂進衣于王王見之或當王意廣其禮得與八十一女御同名欲見百二十人外兼有此女御之禮王合御幸之使王無淫色之過故名女御也

縫人奄二人女御八人女工八十人奚三十人

女工女奴曉裁縫者○縫劉扶用反 疏 縫人至十人○釋曰在此者案其職云掌王宫縫線之事以縫王及后之衣服故在此也奄二人亦是縫線事多須有男子故也有女御者義同於上也有女工者謂女奴巧者鄭云曉裁縫者也

染人下士二人府二人史二人徒二十人○染如豔反劉而儉反

疏 染人○釋曰在此者案其職云掌染絲帛因婦人衣服故亦連類在此也

追師下士二人府一人史二人工二人徒四人

追治玉石之名○追丁回反一曰雕〖疏〗追師至四人○釋曰在此者職云掌王后之首服爲副編次追衡笄亦因婦人衣服連類在此○注治玉石之名○釋曰詩云追琢其璋璋是玉爲之則追與琢皆是治玉石之名也若然男子首服在夏官弁師者以其男子是陽義又取夏時萬物長大長大乃冠故在夏官此婦人直取首服配衣故與衣連類在此。若然首反處下者以冠履自相對不與服爲先後故不在上也

屨人下士二人府一人史一人工八人徒四人

○屨紀具反〖疏〗屨人○釋曰在此者案其職云掌王及后之服屨故從內官衣服亦連類在此若然追師專掌婦人首服此屨人兼男子屨爲在下體賤故男子婦人同在此官。也

夏采下士四人史一人徒四人

夏采夏翟羽色禹貢徐州貢夏翟之羽有虞氏以爲緌後世或無故染鳥羽象而用之謂之夏采○夏戶雅反注同翟雉名采如字或作菜翟音狄緌如誰反

【疏】夏采至四人○釋曰在此者其職云掌大喪以冕服復于大祖以乘車建綏復于四郊喪事是終故在末職也

注夏采至夏采○釋曰案爾雅云伊洛而南素質五采皆備成章曰翬江淮而南青質五采皆備成章謂之鷂此則夏翟之羽色也又案禹貢徐州云羽畎夏翟是徐州貢夏翟之羽也又云有虞氏以爲綏者明堂位云有虞氏之旂夏后氏之綏注云有虞氏當言綏夏后氏當言旂彼據虞氏始有綏故云有虞氏以爲綏也又云後世或無者案冬官考工記有鍾氏染羽若有自然鳥羽何須染之乎故云後世或無則據此周時而言也故染鳥羽而用之謂之夏采者夏即五色也此職中注及彼注皆云綏謂注旄於干首不云翟羽者蓋注文不具耳

大清嘉慶二十年[illegible]
用文選樓藏本校

附釋音周禮注疏卷第一　知南昌府張敦仁署鄱陽縣候補知州周澍栞

周禮注疏挍勘記序

阮元撰盧宣旬敬録

有杜子春之周禮有二鄭之周禮有後鄭之周禮周禮出山巖屋壁間劉歆始知爲周公之書而讀之其徒杜子春乃能略識其字建武以後大中大夫鄭興大司農鄭衆皆以周禮解詁著而大司農鄭康成乃集諸儒之成爲周禮注蓋經文古字不可讀故四家之學皆主於正字其云故書者謂初獻於祕府所藏之本也其民間傳寫不同者則爲今書有云讀如者比擬其音也有云讀爲者就其音以易其字也有云當爲者定其字之誤也三例既定而大義乃可言矣說皆在後鄭之注唐賈公彦等作疏發揮殊未得其肎綮元於此經舊

有挍本且合經注疏讀之時閲見其一二因通挍經注疏之譌字吏屬武進監生臧庸乾挍各本倂及陸氏釋文元復定其是非凡言周制言漢學者容有藉於此其目録列於左方

阮元記

引據各本目録

單經本

唐石經周禮十二卷每官分下篇醫師起爲天官下載師起爲地官下大司樂起爲春官下司士起爲夏官下布憲起爲秋官下玉人起爲冬官下

石經考文提要周禮一卷

經注本

經典釋文周禮音義二卷

錢孫保所藏宋本周禮注十二卷宋槧小字本附載音義春官夏官冬官余仁仲本天地二官別一宋本秋官以俗本抄補非佳者臧庸據宋刻大字本秋官二卷按補

嘉靖本周禮注十二卷分卷及款式悉與唐石經同每頁十六行每行十七字卷一末記經四千二百五十九字注八千五百一十二字卷二經三千六百八十八字注一萬三百五十七字卷三經五千五十六字注八千四百一十四字卷四經四千五百一十八字注一萬二字卷五經四千七百七十九字注一萬二千三百三十六字卷六經四千五百五十四字注一萬七千九百九十一字卷七經三千六百一十五字注七千四百三十二字卷八經三千五百二十八字注七千三百八十三字卷九經四千二百六十二字注七千五百二十字卷十經三千九百八十七字注八千七百三十二字卷十一經三千五百六十二字注七千六十三字卷十二經三千五百七十四字注七千二十四字按此不附音義而勝於宋槧余氏岳氏等本當是依北宋所傳古本也

注疏本

惠挍本周禮注疏四十二卷盧文弨曰東吳惠士奇暨子棟以宋注疏本挍疏以余氏萬卷堂本挍經注音義書於毛氏本何焯云康熙丙戌見內府宋板元修注疏本粗挍一過惠棟云盧見曾嘗得宋槧余仁仲周禮經注挍閱一過書共十二卷卷一之末記肆阡貳伯伍拾陸字注捌阡伍伯肆拾叁字音義叁阡陸拾壹字余氏刊于萬卷堂卷二經叁阡陸伯捌拾字注壹萬叁伯伍拾壹字音義叁阡貳伯叁拾貳字仁仲比挍記卷三記經伍阡伍拾伍字注捌阡肆伯貳拾捌字音義壹阡玖伯廿壹字余仁仲刊于家塾卷四記經肆阡柒伯貳拾柒字注壹萬貳伯肆拾貳字音義貳阡柒伯伍拾捌字卷五記經肆阡柒伯柒拾陸字注壹萬貳阡叁伯捌拾叁字音義叁阡肆拾壹字卷六記經肆阡伍伯伍拾伍字注壹萬捌阡叁拾伍字音義肆阡壹伯捌拾伍字余氏刊于萬卷堂卷七記經叁阡陸伯壹拾貳字注柒阡肆伯叁拾捌字音義貳阡貳伯捌拾陸字卷八記經叁阡伍伯貳拾伍字注柒阡肆伯玖拾字音義貳阡伍伯伍拾字余氏刊於萬卷堂卷九卷十卷十一字數闕卷十二記經叁阡伍伯柒拾字注柒阡叁拾口字音義口阡叁拾壹

字余仁仲刊于家塾

附釋音周禮注疏四十二卷每頁二十行經每行十七字注疏夾行每行二十三字因兼載釋文故稱附釋音因每半頁十行故今稱十行本以別於閩監毛注疏本每半頁皆九行也內補刻者極惡劣凡閩監毛本所不誤者補刻多誤

閩本周禮注疏四十二卷

監本周禮注疏四十二卷

毛本周禮注疏四十二卷

引用諸家

周禮注疏正誤十卷嘉善浦鏜撰

禮說十四卷東吳惠士奇撰天官二卷地官三卷春官四卷夏官二卷秋官二卷考工記一卷

周禮漢讀考六卷　金壇段玉裁撰每官爲一卷

周禮注疏序挍勘記

阮元撰盧宣旬摘録

其刻日　浦鏜云日誤日○按緯書古奥其刻日三字未得其注解未必爲王伐切之字也今本易緯通卦驗日作白

昌之成　禮記禮運正義引易緯作昌之成運○按此用靈成經爲韻語運乃衍文也

拒燧皇　浦鏜云拒衍

斗機云　浦鏜云疑作運斗樞

則其閒九皇六十四民　案小學紺珠氏族類作六十四氏○按民是也春官都宗人注疏云按史九皇六十四民並是上古無名號之君既無名號則古史謂之民宜也

以後代官況之　閩監毛本況改况非下準此

帝少皞之號也　案杜注無帝字此衍

序周禮廢興　所見閩本闕此篇

又以經書記轉相證明爲解　案轉當作傳

庶成此家世所訓也　盧文弨云舊本此下皆圈隔并此段皆康成序

周禮注疏序挍勘記終

南昌袁泰開挍

周禮注疏卷一挍勘記

阮元撰盧宣旬摘録

附釋音周禮注疏卷第一　閩監毛本刪附釋音三字此本列名銜提行如前又並署國子博士兼太子中允贈齊州刺史吳縣開國男臣陸德明釋文閩本亦如是後剜改爲漢鄭氏注唐賈公彥疏陸德明釋文毛本承之無陸德明釋文五字監本又兼列明國子監奉勅較刊奉旨重修職名○唐石經此題周禮卷第一宋余仁仲本明嘉靖翻刻宋本同此本閩監毛本並刪

天官冢宰第一　唐石經余本嘉靖本同此本及閩監毛本冢誤冡下同

亦所以揔御衆官　閩本揔改摠監毛本改總非下準此

下註對大宰　監毛本同閩本註作注是也通書準此

天事又並入於春官者　惠挍本無又字此衍

故云第一也鄭氏者　惠挍本云作爲閩監毛本割鄭氏者云云一段附鄭氏注之下

鄭沖之孫　閩本沖作冲案後漢書本傳云八世祖崇此誤記

或言傳　惠挍本言作云

周禮　鄭氏註　監本同岳本毛本刪周禮二字閩本註作注與唐石經宋本余本嘉靖本合此從言非又宋本余本嘉靖本此五字列天官冢宰第一下唐石經鄭氏注三字另行○按凡標題必先云天官冢宰第一次云周禮次云鄭氏注小題在上大題在下古經典皆然今本多割裂舛錯

使居雒邑　釋文雒水名也本作洛後漢都洛陽改爲雒段玉裁漢讀考云豫州之川字作雒雍州之浸字作洛自魏以前劃然分別魏文帝始亂之其詳見尚書古文撰異

辯四方正宮廟之位　閩監毛本同案辯當作辨下辨方正位疏皆作辨賈疏或本作辯此其改之未盡者

作新大邑于東國洛　閩監本同毛本于改於非下引尚書準此

周公於政不均 孫志祖云案大司徒大司樂疏並引注云周公爲其於政不均是也此疑脱爲其二字

下文大宰之職 毛本大改太非

使居雒邑治天下者 閩本同監本雒改洛非毛本先作洛後改雒按此引注當作雒疏文蓋用洛字

四時交者 毛本交誤郊案當作四時之所交者

辨方正位 唐石經諸本同

置槷以縣視以景 余本嘉靖本毛本槷作槷釋文同惠校本疏中亦從執此從執誤浦鏜云視當依本文作眡案記用古字作眡注改今字作視浦説非

太保朝至于雒 余本太作大下同今尚書雒改洛疏中同

鄭少贛　閩監毛本贛作贛非

太保朝至于洛汭卜宅　浦鏜云汭衍

一日人無主不散則亂　惠挍本作百人無主此百字誤分爲一日二字盧文弨曰書大禹謨正義亦有百人無主不散則亂之語

又當立臣爲輔　惠挍本無爲字

庶民於之取中案尙書洪範云皇建其有極於下　案尙書十一字複上文當衍讀庶民於之取中於下句絕

冢宰大宰也　余本嘉靖本毛本同閩本監本此下以釋文鄭云宰主也二十二字誤入注中

然不先均王國　惠挍本先作言此誤當訂正

恐不兼諸侯　惠挍本恐作悉此誤

言百則三百六十亦一也惠挍本無亦此衍當删

治官之屬唐石經余本屬作屬

旅下士三十有二人唐石經三十作卅下二十作廿全書同

不釋唯指此一經至旅下士三十有二人而已閩本同誤也監毛本釋改得當據以訂正惠挍本作不得惟

史十有二人毛本十有倒

腊人食醫之等府史俱無者浦鏜云腊人食醫當是食醫疾醫之

此民給傜役者閩本傜作傜載釋文傜音遥此本疏中云衞士亦給傜役作傜字又下宫正疏云徒四十八給傜役此本閩本同作傜

胥讀如諝段玉裁周禮漢讀考云說文諝知也凡易其本字曰讀爲此讀爲各本作讀如誤也大行人注

胥讀爲諝諝象諝謂象之有才知者也可據以正此矣

如今待曹伍伯傳吏朝也 浦鏜云侍誤待

腊人之類 惠挍本腊人上有鼈人此脫

宮正 釋文此以下鄭揔列六十職序于注則各於其職之前列之臧琳經義雜記曰康成於每官前揔列六十職序當是古本如此干氏於各職前列之蓋亦如詩三百篇序別爲卷毛公冠於每篇之前書百篇序馬鄭王爲一卷僞孔移於每篇首皆變亂舊章非其本真也

注

主宮中官之長 余本嘉靖本毛本同閩本監本此下○改曰又誤以釋文宮正此以下二十二字爲注

故宮伯所掌者亦掌之 閩本同監毛本掌者誤長者惠挍本作掌者

財不久停 惠挍本作則不用久停孫志祖云下職幣疏亦有財不久停之語文理本明似不必改

皆以緩急爲次弟閩監毛本弟改第非古次第字止作弟

故此宮正之弟惠挍本弟作等此誤

𨍏作包者案包當作苞下引詩同

又云裹肉曰包苴者閩本同監毛本包作苞當據以訂正下言包苴同注及釋文皆作苞

腊之言夕也疏云夕或作久義亦通惠棟九經古義云說文昝乾肉也从殘肉日以晞之昔夕古字通穀梁傳日入至於星出謂之昔管子旦昔從事楚辭章句引詩樂酒今昔是皆以昔爲夕腊之爲物經夕乃乾故言夕或作久久猶昔也○按久者夕之誤也

瘍醫毛本倒作醫瘍

註瀆則未必有膿也閩監毛本註作注當據以訂正此注疏本多改註故注病字亦誤爲註

獸牛馬之類閩監毛本同賈疏標注作獸牛馬之屬余本岳本嘉靖本同案疏中引注但言獸牛馬并無下二字

是其牛馬亦有畜稱浦鏜云獸誤畜

以式法授酒材閩本法改灋非

注雖不言槩案雖當衍此本雖字剜改

或曰奚官女余本嘉靖本閩監毛本皆作宦女爲是玉海宦女釋注文宦女引疏亦同皆誤耳疏以左傳漢制考作官女不得改爲官也奄爲宦人故女奴曰奚官女

注奄精至宦女案此宦亦當作官

以其十一月一陽爻生閩監毛本爻作初

或曰官女者漢制考所引同閩本監本毛本官誤宦

按左氏晉惠公之女名妾稱爲宦女　漢制考按作案此非下疏多用案字

惠校本無爲此衍

鄭荅志以夏十二月取冰　閩本同監毛本荅改答非下並同

與此周禮十二月藏冰校一月　毛本校改按○按毛晉避所諱全書皆然

女奴之曉𥳑者　案注上下文多云女奴曉某者無之字此衍

豆不盡于醢也　案疏云豆不盡於醢者此作于非

彼有膷臐膮胾炙膾之屬　閩毛本同監本膮誤燒此本胾誤餓今訂正

則與醯人職通　案醯當作醢醢人云以五齊七菹實之

必須醯物乃成　諸本同浦鏜云醯當醢字之誤非也案醯人職注云齊菹醬皆須醯成味

冪人　唐石經諸本同說文幎幔也从巾冥聲周禮有幎人

掌供供巾幂　閩監毛本作掌供巾幂此衍

設楏梧再重　閩監毛本梧作桓此誤

幕人　唐石經余本嘉靖本同

次自脩正之處　余本岳本嘉靖本同此本疏中標注亦作脩正閩監毛本正誤止

皆是自脩止　案止當作正下同

掌大貢九賦　浦鏜云九貢誤大貢

已上皆言飲食此次言貨賄　惠挍本次作訖此誤

漢時司農主治藏　惠挍本治作府案漢制考亦引作府藏此因注誤改

是句考徧天下　閩監毛本句改勾非

司裘　唐石經余本嘉靖本閩本同監毛本裘作裘

亦有此府義故在此　浦鏜云上此字衍

閽人　釋文閽音昬與此同唐石經作閽諸本因之此本經注作閽疏中作閽

囿游亦如之　唐石經余本嘉靖本閩監毛本同釋文斿本亦作游音由○按斿遊皆游之俗字

司昬晨以啓閉者　諸本昬作昏疏中準此下並同

則此閽人每門及囿遊　閩監毛本遊改游蓋釋文作游賈疏作遊後人據釋文以改賈疏此其改之未盡者

別官同職者唯有官連耳　閩監毛本連改聯非案大宰官聯注鄭司農云聯讀爲連此作官連從鄭讀耳

則論語謂之晨人也　浦鏜云門誤人

据有禁守者言之　閩監毛本据作據此本據据錯出作据俗省耳○按公羊注作据

不列夫人于此官者　案于當作於注皆用於字毛本并下夫人之於后亦改爲于矣

與此經婦人數同　此本同誤曰據閩監毛本訂正

殷人又增以三九二七口合三十九人　此本二七下闕一字閩監毛本改爲二十七又字閩本同監毛本誤有

以增三十九并后合百二十一人　閩監毛本三十九誤二十九浦鏜因删改此文云以增之合百二十一人誤甚案三十九并八十一爲一百二十合后爲百二十一人也

然則公中合有三公　此本補刻上公誤云下闕八字凡補刻有闕誤而閩監毛本不誤者不具著

故云坐而論禮無官職　浦鏜云脫婦字案三夫人坐而論禮猶三公坐而論道也此引注作坐而論禮無婦字今注有婦蓋衍文

故特互其文　此本實闕今從閩本補監毛本改迴互非

御進也　惠挍本作猶進后法也案此釋御爲進釋妻爲后也當據以訂正此本實闕以字數計之亦止有三字

進在王寢侍息宴　案侍誤待

言女奴曉事謂識文者爲之也　閩本識文改爲女浦鏜云曉下脫視

內治之貳　浦鏜云上脫掌

典絲　余本閩本同嘉靖本監毛本絲作絲案唐石經作絲此本疏中釋曰上脫典絲二字閩監毛本同

典枲　唐石經余本枲作枲

內司服女御二人　沈彤云當作四人考女御之凡當七十二人而內司服之女御於王后九嬪外內命婦之服無不掌則二人不足也

主宮中裁縫官之長　此本上下皆誤宮監本上下皆誤官

謂進衣于王　案于當作於

染人　葉鈔釋文唐石經嘉靖本皆作涤人說文涤字在水部此及閩監毛本作染非

連類在此　惠挍本下有也

若然首反處下者　閩監本同毛本若改也上屬浦鏜反據之誤甚

故男子婦人同在此官也　毛本同閩本作同在此也監本官也二字剜改原刻當與閩本同

周禮注疏卷一挍勘記終

南昌袁泰開挍

附釋音周禮注疏卷第二

鄭氏注　賈公彥疏

大宰之職掌建邦之六典以佐王治邦國一曰治典以經邦國以治官府以紀萬民二曰教典以安邦國以教官府以擾萬民三曰禮典以和邦國以統百官以諧萬民四曰政典以平邦國以正百官以均萬民五曰刑典以詰邦國以刑百官以糾萬民六曰事典以富邦國以任百官以生萬民大曰邦小曰國邦之所居亦曰國典常也經也灋也王謂之禮經常所秉以治天下也邦國官府謂之禮灋常所守以爲灋式也常者其上下通名擾猶馴也統猶合也

詰猶禁也書曰度作詳刑以詰四方任猶傳也生猶養也鄭司農云治典冢宰之職故立其官曰使帥其屬而掌邦治以佐王均邦國教典司徒之職故立其官曰使帥其屬而掌邦教以佐王安擾邦國禮典宗伯之職故立其官曰使帥其屬而掌邦禮以佐王和邦國政典司馬之職故立其官曰使帥其屬而掌邦政以佐王平邦國刑典司寇之職故立其官曰使帥其屬而掌邦禁以佐王刑邦國此三時皆有官唯冬無官又無司空以三隅反之則事典司空之職也司空之篇亡小宰職曰六曰冬官其屬六十掌邦事○邦國干云國天子諸侯所理也邦疆國之境治典直吏反注下治典邦治治官治職之治皆同擾而小反鄭而昭反徐李尋倫反譖戶皆反詰起一反禁也干云彈正糾察也馴似倫反度待洛反傳側吏反下同猶立也

[疏]大宰至以生萬民○釋曰自此以下至職末分爲二段從此職首至以富得民一段十條明經國之大綱治政之條目自正月之吉以下至職末明頒宜前瀏依事而施言掌建邦之六典者謂大宰揔御羣職故六典俱建也以佐王治邦國者以六典者是王執治邦國王不獨治故云佐王也一曰治典以經邦國至六曰事典皆云邦國者邦國皆謂諸侯之國但治典云經者所以經紀爲名故云經教典云安者地道主安故云安禮典云和者禮之用和

爲貴故云和政典云平者司馬主六軍以平定天下故云平
刑典云詰者以其刑者有所詰禁天下故云詰事典云富者
作事所以富國家故云富也又治典教典云官府禮典已下
四典皆云百官者尊天地二官不局其數故不云百官而云
官府也若然六官其屬各六十得稱百官者舉全數故云百
官也且天官言治官府地官云教官府夏官云以正百官秋
官云刑百官皆依本職而言之至於春官主禮不可云禮百
官禮所以統叙萬事故云統百官也冬官不可云事百官故
變事云任任謂任使任使即事也又天官主治治所以紀綱
天下故云紀萬民也地道主民故云擾萬民擾則馴順之義
也春官主禮禮所以諧和故云諧萬民夏官主政九畿職方
制其貢有貢賦之事故云均萬民秋官主刑刑者所以糾正
天下故云糾萬民也冬官主事作事者所以生養萬民故云
生萬民也然天子曰兆民諸侯曰萬民此天子之禮不言兆
民而言萬民者但兆民據天子而言之今言萬民以畿外封
諸侯惟有畿内不封故以畿内據近而言○注大曰至掌邦
事○釋曰周禮凡言邦國者皆是諸侯之國此言大曰邦小
曰國者止據此文邦在上國在下故爲此解案儀禮覲禮云
同姓大國異姓小邦則邦國大小通也又云邦之所居亦曰
國即據王國而言故上云惟王建國匠人營國方九里與典

命國家皆是邦之所居亦曰國也又云典常也經也灋也者爾雅釋詁云典常也孫氏云禮之常也釋言云典經也又云灋者以其經常者即是法式又云王謂之已下鄭所解也云王謂之禮經常所秉以治天下也者凡言經者以經紀天下故王言禮經常所秉以治天下也云邦國官府謂之禮法者凡言灋者下灋於上故邦國官府謂之禮灋常所守以爲灋式也云常者上下通名者經據在上灋據在下至於王與邦國官府俱有常義故云常者上下通名也又云擾猶馴也者案地官注訓擾爲安此言馴不同者馴是順之義順即安義亦通也云統猶合也者統者相統同故爲合詰猶禁也者弟詰即禁止之義也引尙書曰度作詳刑以詰四方此尙書呂刑文是呂侯訓夏贖刑以詳審詰禁四方引證詰爲禁之義也云任猶傳也者傳猶立也東齊人物立地中爲傳蔛通說范陽令曰天下之人所以不敢傳刃於公之腹者畏秦灋也欲使百官皆立其功也云生猶養也者若直云生萬民則諸官皆生萬民彼何異也於義不安故轉爲養冬官主土地所以養民故也云鄭司農云治典冢宰之職者及下教典司徒之職禮典宗伯之職六典皆言之職此並是序官之下次有此文故立其官曰使帥其屬而掌邦治此以下六者皆是六官之首有此文司農揔引以釋六典也云此三時皆有官唯

冬無官者謂各六十官唯冬無云無司空者對餘官有大宰司徒宗伯司馬司寇此則無司空卿也云以三隅反之者凡物不圓則方方則四隅既有三隅明有四隅以言既有春夏秋三時之官明有冬時之官可知則事典司空之職是也云司空之篇亡者謂六國時亡其時以考工記代之引小宰職者欲見當有冬官之屬也

以八灋治官府一曰官屬以舉邦治二曰官職以辨邦治三曰官聯以會官治四曰官常以聽官治五曰官成以經邦治六曰官灋以正邦治七曰官刑以糾邦治八曰官計以弊邦治百官所居曰府弊斷也鄭司農云官屬謂六官其屬各六十若今博士大史大宰大祝大樂屬大常也小宰職曰以官府之六屬舉邦治一曰天官其屬六十是也官職謂六官之職小宰職曰以官府之六職辨邦治一曰治職二曰教職三曰禮職四曰政職五曰刑職六曰事職官聯謂國有大事一官不能獨共則六官共舉之聯讀爲連古書連作聯聯謂連事通職相佐

助也小宰職曰以官府之六聯合邦治一曰祭祀之聯事二曰賓客之聯事三曰喪荒之聯事四曰軍旅之聯事五曰田役之聯事六曰斂弛之聯事官常謂各自領其官之常職非連事通職所共也官成謂官府之成事品式也小宰職曰以官府之八成經邦治一曰聽政役以比居二曰聽師田以簡稽三曰聽閭里以版圖四曰聽稱責以傅別五曰聽祿位以禮命六曰聽取予以書契七曰聽賣買以質劑八曰聽出入以要會官法謂職所主之法度官職主祭祀朝覲會同賓客者則皆自有其法度小宰職曰以灋掌祭祀朝覲會同賓客之戒具官刑謂司刑所掌墨辠劓辠宮辠刖辠殺辠也官計謂三年則大計羣吏之治而誅賞之玄謂官刑司寇之職五刑其四曰官刑上能糾職官計謂小宰之六計所以斷羣吏之治○四灋古法字聯音連弊必世反鄭蒲計反徐劉府世反斷丁亂反下同弛尹氏反比毗志反鄭房利反稽古奚反鄭又音啓版音板傅別音附下彼列反契苦計反劑子隨反爾雅云劑翦齊也要於妙反徐於召反後不音者放此朝直遥反凡言朝覲皆同辠古罪字劓魚冀反刖音月又五刮反［疏］以八至邦治○釋曰此八灋雖不云建亦有建義故鄭注大史職云六典八灋八則冢宰所建以治百官大史又建焉是也上六典云治邦國此八灋云治官府官府在朝廷

之官府也一曰官屬以舉邦治以下皆單言邦據王國而言之言官屬者謂六官各有六十官之屬也長官有屬官官事得舉故云以舉邦治二曰官職以辨邦治者謂六官各有職若天官治職之等官各有職辨別也官事有分別故云以辨邦治也三曰官聯以會官治者聯即連也一官不能獨共則衆官共舉之然後事得合會故云以會官治四曰官常以聽官治者官常非連事通職各自於當官常職而聽治之故云以聽官治也五曰官成以經邦治者官成者謂官自有成事品式依舊行之以經紀邦治也六曰官法以正邦治者官法謂常職所主舊灋度將此灋度是正邦之治政也七曰官刑以糾邦治者言官刑非尋常五刑謂官中之刑以糾察邦治入曰官計以弊邦治者官計謂平治官府之計也弊斷也謂就計會之中有失者斷之故云弊邦治也此八灋皆云邦治官常官聯二者不云邦而云官者其官聯言官欲取會合衆官乃始得治官常言官欲取官有常職各自治其官故二者不言邦而云官也及小宰還從治○注百官至之治○釋曰言百官所居曰府者欲以官府爲一事解與上府史之府別彼府主藏文書此府是百官所居處皆是府聚之義也鄭司農引官屬謂六官其屬各六十下引小宰所云者是也云若今博士云云屬大常也者司農據漢百官年表漢始叔孫通

爲奉常後改爲大常博士官刑先鄭謂司刑所掌墨辠劓辠宮辠刖辠殺辠此是正五刑施于天下非爲官中之刑故後鄭不從之也官計謂三年大計羣吏之治而誅賞者此爲三年一考乃一計之此官計每歲計之故後鄭亦不從之玄謂官刑司寇之職五刑其四曰官刑上能糾職是專施于官府之中於義爲當也官計謂小宰之六計所以斷羣吏之治羣吏之治即是官中之計於義亦當矣故引破司農也

以八則治都鄙一曰祭祀以馭其神二曰灋則以馭其官三曰廢置以馭其吏四曰祿位以馭其士五曰賦貢以馭其用六曰禮俗以馭其民七曰刑賞以馭其威八曰田役以馭其衆

都之所居曰鄙則亦法也典法則所用異異其名也都鄙公卿大夫之采邑王子弟所食邑周召毛聃畢原之屬在畿内者祭祀其先君社稷五祀法則其官之制度廢猶退也退其不能者舉賢而置之祿若今月奉也位爵次也賦口率出泉也貢功也九職之功所稅也禮俗昏姻喪紀舊所行也鄭

司農云士謂學士○馭魚慮反賦貢于云賦上之所求於下貢下之所納於納於上采音菜召上照反聃乃甘反奉符用反本或作俸率徐劉音類戚音

疏

以八至其衆○釋曰則律一音所律反下同稅舒銑反

疏

亦瀆也以八則治三等采地之都鄙也一曰祭祀以馭其神者采地之中祭祀宗廟社稷五祀下注云凡云馭者所以歐之內之於善則於祭祀之中宗廟先祖則無可去取至社稷配食者若取句龍后稷上功有功是內之善也○一曰瀆則以馭其官者瀆則謂官之制度制度與在官爲法則使不借差亦所以歐之使入善也○三曰廢置以馭其吏者謂有罪則廢退之有賢則舉置而贊之亦所以歐人於善也○四曰祿位以馭其士者士謂學士學士有賢行學業則詔之以爵位祿賞亦是歐之於善也○五曰賦貢以馭其用者采地之民口率出泉爲賦有井田之法一夫之田稅入於官官得之節財用亦是使人入善故云以馭其用也○六曰禮俗以馭其民者俗謂昏姻之禮舊所常行者爲俗還使民依行使之入善故云以馭其民○七曰刑賞以馭其威者謂有罪刑之有功賞之使人入善畏威故云以馭其威○八曰田役以馭其衆者謂采地之中得田獵使役於民皆當不奪農時使人入善故云以馭其衆也據此文則卿大夫得田獵而春秋左氏傳鄭大夫豐卷請田

子産不許者彼常田之外臨祭取鮮唯人君耳大夫唯得常田故禮云大夫不掩羣亦是常田豐荐亦僭取鮮故子産云唯君用鮮明大夫不合也○注都之至學士○釋曰上言邦國則諸經有邦國別言之者故解爲大曰邦小曰國此采地云都鄙諸文無或言都或言鄙別號故鄭云都之所居曰鄙大司徒云凡造都鄙鄭云其界曰都鄙所居也春秋傳曰遷鄭焉而鄙留是鄙所居不遷也云則亦法也典法則所用異異其名也者謂典法則三者相訓其義既同但邦國言典官府言法都鄙言則是所用處異故別言之其實義通也云都鄙公卿大夫之采邑者載師職云家邑任稍地則大夫之采也小都任縣地則六鄉之采也大都任畺地則三公之采也云王子弟所食邑者親王子母弟與公同處而百里次疏者與六鄉同處而五十里次疏者與大夫同處二十五里案禮記禮運云天子有田以處其子孫鄭注中庸云同姓雖恩不同義必同也尊重其祿位所以貴之不必授以官守然則王子母弟雖食采也○未必別有官有官則依公卿大夫食邑不假別言也云周召毛聃畢原之屬者僖二十四年左傳召穆公云管蔡郕霍魯衞毛聃郜雍曹滕畢原豐郇文之昭也邗晉應韓武之穆也今鄭直云周召毛聃畢原之屬在畿內者其餘或在畿外故不盡言也引之者證王子弟之有采邑也云

祭祀其先君社稷五祀者案孝經大夫章不云社稷則諸侯卿大夫也若王子母弟及三公稱諸侯者五廟五祀三社三稷故云祀先君社稷五祀也云法則其官之制度者謂宮室車旗衣服之等皆不得僭也云祿若今月奉也者古者祿皆月別給之漢之月奉亦月給之故云若今月奉也云位爵次也者言朝位者皆依爵之尊卑爲次則經云位據立故云爵次也云賦口率出泉也者下文九職九賦職賦相繼而言故知賦即九賦口率出泉也云貢功也九職之功者亦約下文言九賦上言九職九職任之九賦斂之是以大府云九賦九功九功即九職之功故鄭於此以貢爲功是九職之功出稅也云禮俗昏姻喪紀者曲禮云君子行禮不求變俗若不醴醮用酒是其一隅也云鄭司農云士謂學士者經云祿位以馭其士使進受祿位故知士學士也

以八柄詔王馭羣臣一曰爵以馭其貴二曰祿以馭其富三曰予以馭其幸四曰置以馭其行五曰生以馭其福六曰奪以馭其貧七曰廢以馭其罪八曰誅以馭其

過柄所秉執以起事者也詔告也助也爵謂公侯伯子男卿大夫士也詩云誨爾序爵言教王以賢否之第次也班祿所以富臣下書曰凡厥正人既富方穀幸謂言行偶合於善則有以賜予之以勸後也生猶養也賢臣之老者王有以養之成王封伯禽於魯曰生以養周公死以爲周公後是也五福一曰壽奪謂臣有大罪沒入家財者六極四曰貧廢猶放也舜殛°鯀于羽山是也誅責讓也曲禮曰齒路馬有誅凡言馭者所以毆°之內之於善○柄兵命反行下孟反注同殛紀力反鯀古本反毆起俱反

疏以八柄至其過○釋曰大宰以此八柄詔告于王馭羣臣餘條皆不言詔獨此與下八統言詔王王者餘並羣臣職務常所依行歲終致事乃考知得失此乃王所操持王不獨執羣臣佐之而已故特言詔也言馭者此八者皆是毆羣臣入善之事故皆言馭也○一曰爵以馭其貴者司士云以德詔爵有賢乃受爵是馭之以貴也○二曰祿以馭其富者司士云以功詔祿祿所以富臣下故云以馭其富○三曰予以馭其幸謂言語偶合于善有以賜予之故云以馭其幸○四曰置以馭其行者有賢行則置之于位故云以馭其行○五曰生以馭其福者生猶養也臣有大勳勞者使子孫享養之是福祐之道也故云以馭其福○六曰奪以馭其貧者謂臣有大罪身殺奪其家資故

云以馭其貧○七曰廢以馭其辠者廢放也謂臣有大罪若不忍刑殺放之以遠故云以馭其辠○八曰誅以馭其過者臣有過失非故爲之者誅責也則以言語責讓之故云以馭其過也此經八事自五曰已上皆是善事則大善者在前小善者在後自六曰已下皆是惡事則大惡者在前小惡者在後案内史亦言此八柄之事唯一曰爵二曰祿與此同三曰廢四曰置五曰殺六曰生七曰予八曰奪文亂與此不同者彼欲襯事起無常故所言不次也又彼變誅言殺欲見爲惡不止則殺之或可見此過失則圜土之刑人也出圜土則殺之故内史變誅言殺也且此中爵與祿廢與置皆別文以王德爲大能明辨之四者設文有別八則中爵祿及廢置皆共文者以其德小不能辨故也○注柄所至於善○釋曰柄者謂八者若斧斤之柄人所秉執以起事故以柄言之也云爵謂公侯已下者欲見周法爵及命士不言孤者卿中含之故考工記云中有九室九卿朝焉九卿謂三孤六卿是卿中含孤也引詩誨爾序爵者大雅桑柔詩序是先後次第之言誨教也故鄭云言教王以賢否之第次也又引書者是尚書洪範之文云凡厥正人既富方穀者厥其也方道也穀善也凡其正直之人既以爵祿富之又以善道接之引之者證以馭其富也云成王封伯禽於魯曰生以養周公死以爲周公後

是也者此並文公十三年公羊傳文彼云周公拜乎前魯公拜乎後曰生以養周公死以爲周公主此云爲周公後不同者鄭以義言之又云五福一曰壽者此亦洪範文引之者證賢臣老養之是五福一曰壽故曰以馭其福也云六極四曰貧亦洪範文引之者證大罪奪之家資以馭其貧也云廢猶放也殛鯀于羽山者鯀治水九載績用不成殛誅也羽山東裔也云曲禮曰齒路馬有誅者齒謂年之路馬君之所乘馬輿年之則有誅責引之者證誅爲言語責之非有刑罪也

以八統詔王馭萬民一曰親親二曰敬故三曰進賢四曰使能五曰保庸六曰尊貴七曰達吏八曰禮賓統所以合牽以等物也親親若堯親九族也敬故不慢舊也晏平仲久而敬之賢有善行也。能多才藝者保庸安有功者尊貴尊天下之貴者孟子曰天下之達尊者三曰爵也德也齒也祭義曰先王之所以治天下者五貴有德貴貴貴老敬長慈幼達吏察舉勤勞之小吏也禮賓賓客諸侯所以示民親仁善鄰

疏以八統至禮賓○釋曰鄭云統所以合牽以等物也此八者民與在上同有物事也謂牽下民使與上合皆有以等其事

上行之下效之也故以萬民爲主也○一曰親親者君與民俱親九族之親○二曰敬故者君與民皆須恭敬故舊朋友○三曰進賢者有賢在下君當招之民當舉之是君民皆進賢也○四曰使能者下有技能君民共舉任之○五曰保庸者保安也庸功也有功者上下俱賞之以祿使心安也○六曰尊貴者臣有貴者君民共尊敬之○七曰達吏者吏勤勞在民間在下位不能自達者進之於上而用之也○八曰禮賓者天子待朝聘之賓在下皆當禮於賓客此八者先親親後賓客亦是先後之次也○注統所至善鄰○釋曰云親親謂若堯親九族也者堯典云克明俊德以親九族則堯能任用俊德之賢以自輔乃能親九族上至高祖下及玄孫之親旁及五服民亦效之而親九族也云敬故不慢舊也引晏平仲久而敬之者謂他人久敬平仲由平仲敬於他人善在平仲故親親引堯敬故引平仲欲見上下通有是以伐木詩是文王敬故也云賢有善行也能多才藝者案鄉大夫云與賢者出使長之與能者入使治之是賢有六德六行者能者直六藝而已云尊貴尊天下之貴者者謂天下有貴皆尊之云孟子曰天下之達尊者三謂三者天下通達行之三者即爵德齒也爵即經云賢者爲大夫能者爲士皆是用德爲爵證經任賢能也云齒也者謂若黨正飲酒之禮六十已上在堂

上以齒此連引之於經無所當也云祭義曰先王之所以治天下者五貴有德者即舉賢者也貴貴即尊貴也貴老敬長慈幼者三者於經無所當亦連引之耳云達吏察舉勤勞之小吏也者小吏在民間謂若比長閭胥之等雖小吏堪任大官故察舉用之云禮賓賓客諸侯者謂若大行人上公侯伯子男之禮皆爲等級以禮之是賓客諸侯也云所以示民親仁善鄰者親仁善鄰左氏隱公六年陳五父之辭親仁善鄰則當禮賓故引以證禮賓也

以九職任萬民一曰三農生九穀二曰園圃毓草木三曰虞衡作山澤之材四曰藪牧養蕃鳥獸五曰百工飭化八材六曰商賈阜通貨賄七曰嬪婦化治絲枲八曰臣妾聚斂疏材九曰閒民無常職轉移執事

任猶傳也鄭司農云三農平地山澤也九穀黍稷秫稻麻大小豆大小麥八材珠曰切象曰瑳玉曰琢石曰磨木曰刻金曰鏤革曰剝羽曰析閒民謂無事業者轉移爲人執事若今傭

貨也玄謂三農原隰及平地九穀無秫大麥而有粱苽樹果蓏曰圃園其樊也虞衡掌山澤之官主山澤之民者澤無水曰藪牧牧田在遠郊皆畜牧之地行曰商處曰賈阜盛也金玉曰貨布帛曰賄嬪婦人之美稱也堯典曰釐降二女嬪于虞臣妾男女貧賤之稱晉惠公卜懷公之生曰將生一男一女男爲人臣女爲人妾生而名其男曰圉女曰妾及懷公質於秦妾爲宦女焉疏材百草根實可食者疏不熟曰饉○圃布古反又音布毓古育字藪速苟反牧牧養之牧徐音目劉音茂蕃扶元反飭音勑賈音古下注同閒音閑秫音述瑳七何反琢陟角反鏤婁豆反爲人于僞反傭音容貨女鴆反苽音瓜彫胡也字或作菰蓏力果反樊如字又方元反畜許又反又許六反稱尺證反下同釐力之反圉魚呂反養馬曰圉質豬二反疏不色居反菜也劉音蘇饉其靳反【疏】以九職至執事○釋曰此九者皆是民之職業故云萬民也○一曰三農生九穀者言三農謂農民於原隰及平地三處營種故云三農生九穀也○二曰園圃毓草木者此圃即載師所云場圃任園地謂在田畔樹菜蔬果蓏者故云毓草木也○三曰虞衡作山澤之材者謂在山澤之民所作事業材木而已○四曰藪牧養蕃鳥獸者謂在藪牧之民事業使之長養蕃滋飛鳥走獸而已○五曰百工飭化八材者謂百種巧

作之工所爲事業變化八材爲器物。飭之而已飭勤也勤力以化八材○六曰商賈阜通貨賄者謂商賈之家所爲事業通貨賄使之阜盛○七曰嬪婦化治絲枲者嬪婦謂國中婦人有德行者治理變化絲枲以爲布帛之等也○八曰臣妾聚斂疏材者謂男女貧賤號爲臣妾者所爲事業聚斂百草根實而已○九曰閒民無常職轉移執事者其人爲性不營已業爲閒民而好與人傭賃非止一家轉移爲人執事以此爲業者耳○注任猶至曰鏈○釋曰云任猶傳也者傳謂立也使民之業得立云鄭司農云三農平地山澤也者以其積石曰山水鍾曰澤不生九穀故後鄭不從之也云九穀黍稷秝稻麻大小豆大小麥者此九者後鄭以爲無秝大麥而有粱苽八材云珠曰切之下並爾雅文皆是治器用之名也然今爾雅云胥曰切者蓋司農讀爾雅本作珠也云玄謂三農原隰及平地者爾雅高平曰原下溼曰隰原及平地可種黍稷之等隰中可種稻麥及苽也云九穀無秝大麥而有粱苽者以秝爲赤粟與稷黏疏爲異故去之大麥所用處少故亦去之必知有粱苽者下食醫云凡膳食之宜有犬宜粱魚宜苽故知有粱苽也且前七穀之中依月令麥屬東方黍屬南方麻屬西方豆屬北方稷屬中央故知有黍稷麻豆麥稻與小豆所用處多故知有稻有小豆也必知有大豆者生民詩云蓺之戎菽戎菽大豆后稷之所殖故知有大豆也云樹果蓏曰圃園其樊者案漢書食貨志云田中不得有樹用妨五穀環廬樹桑麻菜茹瓜瓠果蓏應劭曰木曰果草曰蓏張晏曰有核曰果無核曰蓏臣瓚曰木上曰果地上曰蓏劭與瓚義同晏獨異也案載師云場圃任園地則圃在園中故鄭云樹果蓏曰圃園其樊是以詩云折柳樊圃謂與圃爲樊樊其蕃蔽也云虞衡掌山澤之官主山澤之民者衡誤案地官掌山澤者謂之虞掌川林者謂之衡則衡不掌山澤而云虞衡作山澤者欲互舉以見山澤兼有川林之材也鄭既云虞衡掌山澤之官復云山澤之民者欲見虞衡是官非出稅之人以山澤之民無名號故借虞衡之官以表其民所任者任山澤之萬民山虞澤虞之官非是以任出稅之物但主山澤之民也云澤無水曰藪者地官澤虞云大澤大藪藪澤別言詩云叔在藪火烈具舉藪若有水不得田獵故知澤無水曰藪也云牧牧田在遠郊知者見載師云牧田賞田任遠郊之地云皆畜牧之地者謂藪牧皆是畜牧之地案載師職鄭注牧田畜牧者之家所受田也非畜牧之地此解違者但牧六畜之地無文鄭約與家人所受田處即有六畜之地故云在遠郊也云行曰商處曰賈者諸官之下有賈人無行法故曰處易復象曰至日閉關商旅不行是行曰商也云金玉曰貨者案

食貨志王莽居攝更作金銀龜貝錢布之器名曰寶貨是自然之物曰貨也聘禮曰賄用束紡是人所爲曰賄也若然王制云錦文珠玉不粥于市此商賈得通之在市者彼據珠玉有錦文者或彼異代禮也案左氏襄十五年宋人獻玉于子罕子罕寘諸其里使玉人爲之攻之富而後使復其所服氏云富賣玉得富是其得粥玉也云嬪婦人之美稱也者此是國中婦人有德行故稱嬪引堯典釐降二女嬪于虞者欲見嬪是婦人美稱之義耳云臣妾男女貧賤之稱者或奴戮之餘爲或背德之質子晉衞之男女皆是故引晉惠以釋之也云晉惠已下皆左氏傳僖十七年夏晉大子圉爲質于秦云惠公之在梁梁伯妻之梁嬴孕過期卜招父與其子卜之其子曰將生一男一女招曰然男爲人臣女爲人妾及生男曰圉女曰妾注養馬曰圉不聘曰妾後子圉西質妾爲宦女是也此鄭與文異者鄭以義增之也云疏材百草根實者百草或取根謂若蔆芡之屬或取實謂若榛栗之屬皆是根實可食也云疏不熟曰饉者爾雅云穀不熟爲飢疏不熟爲饉疏穀皆不熟則曰大荒

以九賦斂財賄一曰邦中之賦二曰四郊之賦三曰邦甸之賦四曰家削之賦五

曰邦縣之賦六曰邦都之賦七曰關市之賦八曰山澤之賦九曰弊餘之賦財泉穀也鄭司農云邦中之賦二十而稅一各有差也弊餘百工之餘玄謂賦口率出泉也今之筭泉民或謂之賦此其舊名與鄉大夫以歲時登其夫家之衆寡辨其可任者國中自七尺以及六十野自六尺以及六十有五皆征之遂師之職亦云以徵其財征皆謂此賦也邦中在城郭者四郊去國百里邦甸二百里家削三百里邦縣四百里邦都五百里此平民也關市山澤謂占會百物弊餘謂占賣國中之斥幣皆末作當增賦者若今賈人倍筭矣自邦中以至幣餘各入其所有穀物以當賦泉之數每處爲一書所待異也○削本亦作稍又作郤所教反徐所召反弊鄭婢世反干必世反名與音餘鄉大夫劉音香處昌慮反後可以意求

【疏】以九至之賦○釋曰云以九賦斂財賄者此賦謂口率出泉其處有九故云九九也既云賦得口率出泉則財賄非泉而云斂財賄者計口出泉無泉者取財賄以當筭泉之賦故云斂財賄也○一曰邦中之賦者謂國中之民出泉也○二曰四郊之賦者計遠郊百里之內民所用出泉也○三曰邦甸之賦者謂郊外曰甸百里之外二百里之

內民所出泉也○四曰家削之賦者謂二百里之內地名削其中有大夫采地謂之家故名家削大夫采地中賦稅入大夫家但大夫家采地外其地爲公邑公邑之內其民出泉入王家故舉家稍以表公邑之民也○五曰邦縣之賦者四百里地名縣有小都賦入采地之主其中公邑之民出泉入王家也○六曰邦都之賦者其五百里中有大都大都采地其賦入主外爲公邑其中民所出泉入王家也○七曰關市之賦者王畿四面皆有關門及王之市廛二處其民之賦口稅所得之泉也○八曰山澤之賦者謂山澤之中財物山澤之民以時入而取之出稅以當邦賦所稅得之物貯之而官未用有人占會取之爲官出息此人口稅出泉謂之山澤之賦也○九曰弊餘之賦者謂爲國營造用物有餘並歸之於職幣得之不入府藏則有人取之爲官出泉此人亦口稅出泉謂之幣餘之賦然關市山澤幣餘不出上六處而特言者以其末作當增賦故也○注財泉至異也○釋曰知財得爲泉者見外府云掌邦布之出入賜予之財用以此知財中有泉也又知財中有穀者案禮記喪大記云納財朝一溢米米即是穀故知財中有穀也云鄭司農云邦中之賦二十而稅一各有差也者先鄭約載師圜廛二十而一近郊十一遠郊二十而三故云各有差後鄭不從者以關市山澤幣餘之賦皆

無地稅即上云邦中四郊之等亦非地稅故不從也云幣餘百工之餘後鄭不從者若是百工之餘當歸之職幣何有稅乎云玄謂賦口率出泉也者案大府云九貢九賦九功各別又見司會云以九貢致邦國之財用以九賦令田野之財用以九功令民職之財用貢賦及功各別賦爲口泉也是以鄭君引漢法民年二十五已上至六十出口賦錢人百二十以爲筭故鄭於此注亦云今之筭泉民或謂之賦此其舊名與又引鄉大夫以歲時登其夫家已下及遂師職者欲見征賦爲一皆是口率出泉破司農爲地稅也云邦中在城郭已下至五百里此皆約載師所云遠郊甸地削地縣地畺地之等遠近之差云此平民也者謂六曰已上皆是平善之民先王以農爲本故謂之平民也對七曰已下非農民者爲末作也云關市山澤謂占會百物者謂關上以貨出入有稅物市若泉府廛布摠布之等亦有稅物山澤民人入山澤取財亦有稅物此人占會百物爲官出息幣餘謂占賣國中斥幣斥幣謂此物不入大府指斥出而賣之故名斥幣云當增賦者謂口率出泉增於上農民故云若今賈人倍筭矣云自邦中以至幣餘各入其所有穀物以當賦泉之數者以經云斂財賄財賄即是穀物取之以當賦泉之數若漢法人百二十六每處爲一書所待異也者此九賦所得財物給下九式之用九

式用處不同故此九賦分爲九處是以每一處爲一書以待其出式謂用財之節度是所待異也以九式均節財用一曰祭祀之式二曰賓客之式三曰喪荒之式四曰羞服之式五曰工事之式六曰幣帛之式七曰芻秣之式八曰匪頒之式九曰好用之式式謂用財之節度荒凶年也羞飲食之物也工作器物者幣帛所以贈勞賓客者芻秣養牛馬禾穀也鄭司農云匪分也頒讀爲班布之班謂班賜也玄謂王所分賜羣臣也好用燕好所賜予○羞服干云羞飲食也服車服也服或作膳芻初俱反頒鄭音班徐音墳好呼報反注同勞力報反

疏以九式至之式○釋曰云以九式均節財用者式謂依常多少用財法式也○○一曰祭祀之式者謂若大祭次祭用大牢小祭用特牲之類○○二曰賓客之式者謂若上公饔餼九牢飧五牢五積之類○○三曰喪荒之式者喪謂若諸侯諸臣之喪含襚贈奠賻賵之類王家之喪所用大非此所共也荒謂凶年穀不孰有所施與也○四曰羞服之式者謂王之膳羞衣服所

用也○五曰工事之式者謂百工巧作器物之法○六曰幣帛之式者謂若贈勞賓客也○七曰芻秣之式者謂牛馬禾穀也○八曰匪頒之式者謂若分賜羣臣也○九曰好用之式者燕好所施予也此九者亦依尊卑緩急爲先後之次也○注式謂至賜予○釋曰云荒凶年也者曲禮云歲凶年穀不登是凶年也云羞飲食之物也者謂若膳夫飲用六清食用六穀膳用百有二十等之類云工作器物者若考工所作器物也云幣帛所以贈勞賓客者謂若司儀職上公三問三勞之等皆有束帛聘禮賄用束紡云芻秣養牛馬禾穀者謂若聘禮致饔餼芻禾之等也云玄謂王所分賜羣臣者就足司農班賜之義也云好用燕好所賜予者以其言好則知是燕飲有所愛好自因歡樂則有賜予也

以九貢致邦國之用一曰祀貢二曰嬪貢三曰器貢四曰幣貢五曰材貢六曰貨貢七曰服貢八曰斿貢九曰物貢

嬪故書作賓鄭司農云祀貢犧牲包茅之屬賓貢皮帛之屬器貢宗廟之器幣貢繡帛材貢木材也貨貢珠貝自然之物也服貢祭服斿貢羽毛物貢九州之外各以其所貴爲摯肅慎氏貢

楛矢之屬是也玄謂嬪貢絲枲器貢銀鐵石磬丹漆也幣貢玉馬皮帛也材貢櫄幹栝柏篠簜也貨貢金玉龜貝也服貢絺紵也游讀如囿游之游斿貢燕好珠璣琅玕也物貢雜物魚鹽橘柚○嬪鄭音頻司農音賓贄音至本亦作摯楛音戸櫄勑倫反幹古旦反篠西了反簜火黨反絺勑其反紵直呂反璣徐音機劉音其既反一音機琅音郎玕音干柚羊救反一音羊受反或音喻

【疏】以九貢至物貢○釋曰云致邦國之用者謂此貢諸侯邦國歲之常貢則小行人云令春入貢是也大行人云侯服歲一見其貢祀物彼謂因朝而貢與此別也但諸侯國內得民稅大國貢半次國三之一小國四之一所貢者市取當國所出美物則禹貢所云厥篚厥貢之類是也○注嬪故至橘柚○釋曰言故書者鄭注周禮時有數本劉向未校之前或在山巖石室有古文考校後爲今文古今不同鄭據今文注故云故書作賓此九貢皆是諸侯賓之所貢不得特以一事爲賓貢賓貢者非也若言嬪貢謂絲枲堪爲婦人所作是也鄭司農云祀貢犧牲包茅之屬者按禮記禮器云三牲魚腊九州之美物故知祀貢有犧牲也案僖公四年齊責楚包茅不入王祭不共無以縮酒故知祀貢中有包茅云賓貢皮帛之屬後鄭從嬪不從賓如上釋也云器貢宗廟之器者大行人因朝而貢者得有成器此歲之

常貢不得有成器故後鄭不從也云幣貢繡帛者禹貢有厥篚織貝及玄纖縞之等故知幣貢中有繡帛也云材貢木材也者案禹貢中有惟木故知材貢中有木材也云貨貢珠貝自然之物也者亦据食貨志爲説云服貢祭服者後鄭亦不從以大行人因朝而貢有祭服此歲之常貢不得有成服云游。貢羽毛者亦不從者以其游據人宴好不得據物上生稱故不從也云物貢九州之外各以其所貴爲摯又引肅慎氏貢楛矢之屬後鄭不從者以其九州之外世一見無此歲之常貢之法也云玄謂嬪貢絲枲者絲枲青州所貢此破先鄭爲賓貢云器貢銀鐵石磬丹漆也者銀鐵梁州所貢漆兖州所貢石即礪砥荆州所貢磬即泗濱浮磬徐州所貢云幣貢玉馬皮帛也者禹貢堯時無貢馬法覲禮諸侯享禮云匹馬卓上九馬隨之周則有之玉即球琳皮即熊羆狐狸。並雍州所貢帛即織貝之類。楊州所貢此增成先鄭之義云材貢櫄幹栝柏篠簜也者並荆州所貢此亦增成先鄭之義云貨貢金玉龜貝也者亦增成先鄭之義龜出九江荆州所貢玉即球琳亦雍州所貢金即金三品及貝楊州所貢云服貢絺紵也者豫州所貢云斿讀爲圍游之游游貢燕好珠璣琅玕也者此破先鄭物上生名爲羽毛也珠即蠙珠徐州所貢璣即璣組荆州所貢琅玕雍州所貢云物貢雜物魚鹽橘柚者此

亦破先鄭之義魚即暨魚徐州所貢鹽青州所貢
橘柚荊楊所貢已上所貢之物皆據禹貢而言

以九兩繫邦國之民一曰牧以地得民二曰長以貴得民三曰師以賢得民四曰儒以道得民五曰宗以族得民六曰主以利得民七曰吏以治得民八曰友以任得民九曰藪以富得民

兩猶耦也所以協耦萬民繫聯綴也牧州長也九州各有封域以居民也長諸侯也一邦之貴民所仰也師諸侯師氏有德行以教民者儒諸侯保氏有六藝以教民者宗繼別為大宗收族者鄭司農云主謂公卿大夫世世食采不絕民稅薄利之玄謂利讀如上思利民之利謂以政教利之吏小吏在鄉邑者友謂同井相合耦耡作者孟子曰鄉田同井出入相友守望相助疾病相扶持則百姓親睦藪亦有虞掌其政令為之厲禁使其地之民守其材物以時入于王府頒其餘於萬民富謂藪中材物○繫音計治直吏反下注王治凡治眡治皆同藪干云宜作叟行下孟反耡音助

疏 以九

至得民○釋曰言邦國即據諸侯及萬民而言謂王者於邦國之中立法使諸侯與民相合耦而聯綴不使離散有九事故云以九兩繫邦國之民也○一曰牧以地得民者謂畿二外八州之中州別立一州牧使侯伯有功德者爲之使統領百一十國以有一州土地集安萬民故云牧以地得民也○二曰長以貴得民者謂一國立諸侯與民爲君長是一國之貴民所仰效而民歸之故云以貴得民也○三曰師以賢得民者謂諸侯已下立教學之官爲師氏以有三德三行使學子歸之故云以賢得民民則學子是也○四曰儒以道得民者諸侯師氏之下又置一保氏之官不與天子保氏同名故號曰儒掌養國子以道德故云以道得民民亦謂學子也○五曰宗以族得民者謂大宗子與族食族燕序以昭穆故云以族得民民即族人也○六曰主以利得民者主謂大夫宣君政教以利得民民則采邑之民也○七曰吏以治得民者吏在民間若比長閭胥有以治政之所。得民○八曰友以任得民者言以任則非同門之朋友謂在田里之間相佐助以相任使而得民即鄰伍聚居者○九曰藪以富得民者以上八者皆據人而言此一者不據人而言藪者見民之所居之處利益於人澤藪之中多有材物以富得民舉藪而言則山澤十〻等皆有材物民居可知也○注兩猶至材物○釋曰訓兩猶耦者欲取在上與民相協耦聯綴使不離散也云牧州長也者禮記王制云二百一十國以爲州州有伯伯則長故云牧州長也鄭注下曲禮云選賢侯爲之云九州各有封域以居民也者詩云帝命式于九圍九圍則九州各有封疆界也言此也者證以地得民云長諸侯也者對則大夫稱長諸侯稱君今此上言牧下言長故據諸侯也云師諸侯師氏者此一經皆據諸侯又經云以賢得民是諸侯師氏也云有德行者師氏職云以三德三行教國子故知有德行也云儒諸侯保氏有六藝者以經云以道得民保氏職云掌養國子以道教之六藝故知諸侯保氏不可同天子之官故變保言儒儒亦有道德之稱也宗繼別爲大宗者見禮記大傳云繼別爲大宗對繼禰爲小宗故云大宗又云敬宗故收族族燕是所以收族也鄭司農云主謂公卿大夫世世食采不絶民稅薄所利之者先鄭意以薄稅爲利後鄭不從者稅法有常故孟子云若輕之於堯舜大貉小貉重之於堯舜大桀小桀是不得有輕重皆以什一爲正何得薄稅以利民乎故不從也云玄謂利讀如上思利民之利者謂以政教利之者上思利民忠也此左氏傳隨季良之辭也云吏小吏在鄉邑者謂若比長閭胥或在鄉或在公邑采邑皆是云友謂同井相合耦耡作者鄭意經意非謂同師曰友正是同在井邑之間

共居若里宰職合耦于耡注云合耦使相佐助者也云孟子曰鄉田同井出入相友守望相助疾病相扶則百姓親睦引孟子鄉田同井者以證友是同井之友但鄉遂爲溝洫不爲井田而云鄉田同井者鄉遂雖不爲井田亦三三相任以出稅與井田同故云同井或解同井水義亦通也云藪亦有虞者地官澤虞職云每大澤大藪中士二人是藪有虞也云掌其政令已下皆澤虞職文云富謂藪中材物者謂有薪蒸蒲葦藪中所有之物也

正月之吉始和布治于邦國都鄙乃縣治象之灋于象魏使萬民觀治象挾日而斂之

正月周之正月吉謂朔日大宰以正月朔日布王治之事於天下至正歲又書而縣于象魏振木鐸以徇之使萬民觀焉小宰亦帥其屬而往皆所以重治法新王事也○凡治有故言始和者若改造云爾鄭司農云象魏闕也故魯災季桓子御公立于象魏之外命藏象魏曰舊章不可忘從甲至甲謂之挾日凡十日○縣音玄注同挾子協反字又作浹同子本作市子合反鐸待洛反徇辭俊反

【疏】正月至斂之○釋曰自此已下皆謂施前事條謂建子周之正月言之吉謂朔日也始調和上六典八法已下之事和訖

當月即頒布此治職文書于諸侯邦國鄉大夫都鄙言乃縣者乃緩辭至建寅之正月乃縣治象之法于雉門象魏使萬民共觀治象挾日者從甲至甲凡十日斂藏之于明堂於後月月受而行之謂之告朔也○注正月至十日○釋曰知正月是周之正月者下文乃縣是建寅明上云正月是周正月知吉是朔日者論語鄉黨云吉月必朝服而朝是吉謂朔日禮記玉藻云諸侯皮弁聽朔于大廟或云吉或云朔聽朔在月一日是知吉爲朔日也云大宰以正月朔日布王治之事于天下者言天下即經邦國都鄙是畿外畿内徧天下即鄉大夫職云正月之吉受法於司徒退而頒之於其鄉吏是司徒布教法從六鄉已下出則此大宰布法亦從六鄉已下出也云至正歲又書而縣于象魏者此鄭釋經中乃縣必知乃縣是正歲建寅之月者下小宰所以佐大宰彼云正歲縣之與此乃縣爲一事故至正歲縣也鄭知振木鐸者約小宰而知也云凡治有故言始和者若改造云爾者上六典已下至九兩國法常定今云始和似更新其事改造云爾其實不改鄭司農云象魏闕也者周公謂之象魏雉門之外兩觀闕高魏魏然孔子謂之觀春秋左氏定二年夏五月雉門災及兩觀是也云觀者以其有教象可觀望又謂之闕者闕去也仰視治象闕去疑事或解闕中通門是以莊二十一年云鄭伯

亭王于闕西辟注闕象魏也案公羊傳云子家駒謂昭公曰諸侯僭天子大夫僭諸侯久矣公曰吾何僭矣哉子家駒曰設兩觀乘大路何氏云天子兩觀諸侯臺門則諸侯不合有觀也若然雉門災及兩觀及禮運云遊於觀之上有觀亦是僭也云故魯災季桓子御公立于象魏之外命藏象魏曰舊章不可忘者此哀公三年左氏傳辭案彼桓僖廟災天火曰災謂桓僖廟被天火所燒舊章象魏在大廟中恐火連及故命藏之若然象魏縣教治也以其象魏建寅之月縣之十日藏之大廟中季桓子曰與公立於雉門象魏之外觀舊縣之處。命藏大廟中象魏引之者證象魏是教象之法又云從甲至甲謂之挾日凡十日者破諸家從甲至癸謂之挾日通也若從甲至癸仍有癸日不得通挾故以從甲至甲言之。乃

施典于邦國而建其牧立其監設其參傅其伍陳其殷置其輔。乃者更申敕之以侯伯有功德者加命作州長謂之牧所謂八命作牧者監謂公侯伯子男各監一國書曰王啓監厥亂爲民參謂卿三人伍謂大夫五人鄭司農云殷治律輔爲民之平也玄謂殷衆也謂衆士也王制諸侯上士二十七人其中士下士各居其上之三分輔府史庶人在官者。○參七南反干云

三公也傳戚音附徐方蔡反

監古銜反爲于僞反平音評

【疏】乃施至其輔○釋曰上以

言六典治邦國更言施典

于邦國故鄭云乃者更申勑之所施者典則建其牧已下是

也建立也每一州之中立一牧立其監者每一國之中立一

諸侯使各監一國設其參者謂諸侯之國各立三鄉傳其伍

者謂三卿下各立五大夫陳其殷者三卿下各陳士九人三

九二十七置其輔者謂三卿下各設府史胥徒○注乃者至

官者○釋曰鄭云以侯伯有功德者加命作州長謂之牧者

家下曲禮云州牧於外曰侯即是先取侯有功德爲牧若

無賢侯伯亦得故遠言侯伯有功德者云加命作州長者以

其侯伯七命州牧八命故云加命作州長云所謂八命作牧

者家大宗伯職云七命賜國八命作牧是也若般之牧下天

子使大夫三人爲三監至周使伯佐牧不使大夫故詩旄上

序云旄上責衛伯也鄭云衛康叔之封爵稱侯今曰伯者時

爲州伯也周之法使伯佐牧即僖公四年五侯九伯五侯是

州牧九伯是牧下之伯云監謂公侯伯子男各監一國引書

曰王啓監厥亂爲民者此是尚書梓材之篇周公封康叔而

勑之證監是諸侯之義也云參謂鄉三人者案左氏傳杜洲

云吾子爲司徒夫子爲司馬孟氏爲司空則諸侯三鄉司徒

同馬司空也云伍謂大夫伍人者謂司徒下二大夫一大夫

爲司徒大夫一大夫爲大宰大夫司空下二大夫一大夫主司空事一大夫爲司寇大夫司馬事省闕一大夫故五人鄭司農云殷治律輔爲民之平也者謂置官主法律輔爲人之平者謂置輔是平斷此先鄭蓋是後代之法故後鄭易之云玄謂殷衆也謂衆士者士稱殷與旅司。並是衆義故鄭玄謂衆士也又引王制諸侯上士已下者按彼注大國之士爲上次國之士爲中小國之士爲下言數各居其上之三分者此謂盟會立位之序大國之士爲上北面前行上九中九下九次國之士爲後行上士當大國之中士中士當大國之下士下士當其空小國之上士當大國之下士中士當次國之下士下士當其空故云數各居其上之三分引之爲破司農殷爲治律云輔府史庶人在官者破司農輔爲民之平若然建立陳置其義可知其伍言傳者謂大夫上有卿下有士受上政傳於下受下政傳於上故獨云傳

乃施則于都鄙而建其長立其兩設其伍陳其殷置其輔　長謂公卿大夫王子弟食采邑者兩謂兩卿不言三卿者不足于諸侯鄭司農云兩謂兩丞

〔疏〕乃施至其輔○釋曰上已言入則治都鄙更令施則於都鄙故言乃亦是更申勑之義建其長謂公卿王子弟爲采邑之

主以是一邑之長故言建其長立其兩者謂每采地之中立其兩卿設其伍陳其殷置其輔義與上邦國同○注長謂至兩丞○釋曰云長謂公卿大夫者案典命云三公八命其卿六命其大夫四命案大宗伯云六命賜官彼注王六命之卿賜官者使得自置其臣治家邑如諸侯則此云長唯據公卿已上大夫四命不合立官此鄭云長謂公卿大夫并言大夫者親其兄弟雖立官不與公卿同亦得稱長是廣解長義其實大夫不命有兩卿五大夫當與諸侯之卿同官事當相兼也云王子弟食采邑者謂親王子弟食邑與三公同在五百里畺地各百里其次疏者在四百里縣地各五十里與六卿同已上二者得立兩卿五大夫之等其次更疏者在三百里稍地各食二十五里與大夫同不得立兩卿五大夫亦職相兼也云兩謂兩卿不言三卿者下足於諸侯者以議外諸侯南面爲尊故得申而立三卿天子三公六卿雖尊以其在天子之下故屈而立兩卿不足於諸侯鄭司農云兩謂兩丞者以其兩卿丞副其長先鄭以後代之官況之故云兩丞也此中唯有都鄙無家邑之名故都鄙中含有公卿大夫春官都宗人家宗人都家並有故公卿入都宗人中大夫則入家宗人中以其公卿雖有大都小都之別而同名都故大夫不得都名直有宗稱故在家宗人也至於夏官都司馬家司馬又

與家宗人都宗人異故鄭注都司馬唯云三公與王子弟其卿又入家司馬中以其司馬辨尊卑六卿卑又自使其臣爲司馬若叔孫氏之臣名駟赤王家不爲之立司馬故卿入中若然都鄙之内其號有三若得諸侯之號唯三公王子弟故司裘諸侯熊侯豹侯卿大夫麋侯是卿不入諸侯也若立臣如諸侯即此文卿與公同若稱長可及大夫亦此注含大夫是也

乃施灋于官府而建其正立其貳設其攷陳其殷置其輔

正謂冢宰司徒宗伯司馬司寇司空也貳謂小宰小司徒小宗伯小司馬小司寇小司空也考成也佐成事者謂宰夫鄉師肆師軍司馬士師也司空亡未聞其考

疏 乃施至其輔○釋曰案上官府在都鄙上此文在都鄙下者欲見都鄙置臣與諸侯同又見諸侯下亦有都鄙之義故進都鄙在上使文承邦國之下也已上言八法治官府今更言施法于官府言乃者亦是更申勑之也而建其正正長也亦是一官之長若大宰之等云立其貳者謂小卿副貳大卿即小宰之等設其考者考成也佐成事者宰夫之等也殷輔義與前同○注正謂至其考○釋曰宰夫已下並是五官之長云司空亡未聞其考者案鄉師云及葬執纛以與匠師御匶注云匠師事官之屬

其於司空若鄉師之於司徒若然鄉師是司徒之考則匠師亦司空之考而此云未聞者彼文以義約之司空考匠師也無正文故此云未聞也

凡治以典待邦國之治以則待都鄙之治以灋待官府之治以官成待萬民之治以禮待賓客之治成八成禮賓禮也

疏凡治至之治○釋曰以其天官主治故以日之六典本以治邦國故云以典待邦國之治八則本以治都鄙故云以則待都鄙之治八法本以治官府故云以灋待官府之治八成本以治萬民故云以官成待萬民之治禮者本以接賓客故云以禮待賓客之治據上文官成在八法治官府中今特出之者以其八成本待萬民不待官府若不特出之則無此待萬民之事在八法官府者欲見官府執行故禮記云誰能秉國成成則八成也以禮待賓客本在八統今特見之者以上親親敬故進賢使能保庸尊貴達吏皆是王行之於朝以示於民使民觀之入善不必更別有禮唯禮賓特別有禮若興禮之類也此皆言以者當別有篇卷使人執持施行之知然者以周禮六官皆邦國之治則六官掌事不可專主邦國故知別有篇卷但在三百之中亡逸

也○注成八至禮也○釋曰八成小宰職掌○**祀五帝則**掌禮賓禮者若聘禮覲禮掌客之等是也

掌百官之誓戒與其具脩祀五帝謂四郊及明堂誓戒要之以刑重失禮也明堂位所謂各揚其職百官廢職服大刑是其辭之略也具所當共脩掃除糞酒○要一遥反糞弗運反酒色賣反

（疏）前十日已前誓戒百官則大宰掌之與其具脩者使百官供祭祀之具及脩之掃除也○注祀五至糞酒○釋曰五帝者東方青帝靈威仰南方赤帝赤熛怒中央黃帝含樞紐西方白帝白招拒北方黑帝汁光紀依月令四時迎氣及季夏六月迎土氣於南郊其餘四帝各於其郊并夏正祭所感帝於南郊故云祀五帝於四郊也鄭云及明堂者摠饗五帝於明堂依月令秦用季秋鄭云未知周以何月案下曲禮云大饗不問卜鄭云祭五帝於明堂莫適卜也彼明堂不卜此下經云帥執事而卜日則此祀五帝不合有明堂鄭云及明堂者廣解祀五帝之處其實此處無明堂云誓戒要之以刑重失禮者言要之以刑則服大刑是也言重失禮者以失禮爲重故要之以刑引明堂位彼在祭祀之下陳之謂祭日此是未祭前引之者欲見祭前誓戒還用祭日之辭以勑之故

或前或後其辭同云是其辭之略者謂誓戒之時其辭應多不應唯有此言故云辭之略也又云具具所當供者祭祀之連事祭祀之具百官共供故云具謂所當供又云脩埽除糞洒者案宮人云掌六寢之脩守祧云其廟有司脩除之是其脩埽除糞洒也

前期十日帥執事而卜日遂戒前期前所諏之日也十日容散齊七日致齊三日執事宗伯大卜之屬既卜又戒百官以始齊○前如字于本同徐昨見反本或作先如字又悉薦反諏子須反謀也散齊西但反下側皆反下同

【疏】前期至遂戒○釋曰前期十日者即是祭前十一日大宰帥宗伯大卜之屬執事之人而卜日又言遂戒者謂祭前十日遂戒百官始齊○注前期至始齊○釋曰云前期前所諏之日者此依少牢所諏之日即祭日也凡祭祀謂於祭前之夕爲期今言前期十日者明祭前十一日卜卜之後日遂戒使散齊致齊故云十日容散齊七日致齊三日案禮記祭統云散齊七日以定之致齊三日以齊之云執事宗伯大卜之屬者大宗伯職云凡祀大神享大鬼祭大示帥執事而卜日謂宗伯涖卜又案大卜云大祭祀視高命龜故知執事中有宗伯大卜之屬中含有小宗伯及卜師故言之屬但四時迎氣冬至夏至郊天等雖有常時常

日猶須審慎仍卜日故表記云不犯日月不違卜筮注日月謂冬夏至正月及四時也所不違者日與牲尸也假令不吉改卜後日故箴膏肓云天子郊以夏正上旬之日魯之卜三正下旬之日是雖有常時常日猶卜日也

及執事眡滌濯

執事初爲祭祀前祭日之夕滌濯謂溉祭器及甑甗之屬○眡音視本又作視後皆同滌直歷反濯直角反溉古愛反甗魚善反徐音彥一音言本又作甗音歷

〔疏〕及執事眡滌濯○釋曰及猶至也謂至祭前夕大宰眡滌濯案春官小宗伯大祭祀眡滌濯大宗伯亦云省眡滌濯彼二官親眡滌濯大宰尊亦往涖之注云執事初爲祭祀前祭日之夕知者案下經及納亨者是祭日此云眡滌濯儀禮特牲亦云前祭日之夕視壺濯及豆籩士卑得與人君同少牢大夫禮當祭日概祭器者下人君也注又云滌濯謂概祭器及甑甗之屬知然者案少牢雍人概鼎匕俎廩人概甑甗司宮概豆籩及勺爵此不言匕俎豆籩勺爵者之屬中含之

及納亨贊王牲事

納亨納牲將告殺謂鄉祭之晨既殺以授亨人凡大祭祀君親牽牲大夫贊之○亨普庚反注同劉普孟反鄉許亮反

〔疏〕及納至牲事○釋曰及猶至也至納亨者案禮記明堂位君肉袒迎牲于門卿大夫贊君及殺訖納

與亨人故言納亨云贊王牲事者即是卿大夫贊幣一人也○注納亨至贊之○釋曰云納亨納牲將告殺者謂牽牲入時也禮器云納牲詔于庭殺訖毛以告純血以告殺腥其俎肫解而亨之以此訖乃納與亨人爓祭此言納亨者以牽牲也云謂爓祭之晨者案檀弓云周人大事以日出故知納亨是爓祭之晨此祭天無祼故先迎牲若宗廟之祭有祼而後迎牲也云既殺以授亨人者案亨人職外內饔之爨亨謂腥其俎後云凡大祭祀君親牽牲大夫贊之者此明堂位文彼魯侯用天子禮故還以引證天子法

及祀之日贊玉幣爵之事

日旦明也玉幣所以禮神玉與幣各如其方之色爵所以獻齊酒不用玉爵尚質也三者執以從王至而授之○齊才計反○

【疏】及祀至之事○釋曰及猶至也至祭日謂質明贊助也執此玉幣爵三者助而授王也○注日旦至授之○釋曰案特牲少牢皆質明行事故知旦明云玉幣所以禮神玉與幣各如其方之色者上云祀五帝以爲迎氣於四郊之外案大宗伯以玉作六器以禮天地四方又云青圭禮東方赤璋禮南方白琥禮西方玄璜禮北方季夏六月迎土氣於南郊亦用赤璋下云牲幣彼雖幣不是禮神之幣亦云各放其器之色是其禮神幣與玉亦各如其方色也云爵所以獻齊

酒者案冪人云疏布幂○八尊八尊者五齊三酒之尊以其祭
天無裸故無彝尊也云不用玉爵尚質也者對下經享先王
用玉爵尚文此祭天不用玉爵故云尚質云三者執以從王
至而授之者謂至此祀圜丘方澤祭所而授之王親自執玉
幣奠於神坐親酌以獻尸

祀大神示亦如之

大神祇謂天地○疏示本又作祇音識

祀大至如之○釋曰云祀大神謂冬至祭天於圜丘云祀大
祇謂夏至祭地於方澤亦如之者從掌百官誓戒已下贊玉
幣爵之事已上皆如祀五帝之禮○注大神祇謂天地○釋
曰此天謂大天對五帝爲小天此地謂大地對神州之地爲
小地故云天地也

享先王亦如之贊玉几玉爵

玉几所以依神天子左右玉几宗廟獻用玉爵○享許兩反劉音向注享幣同

疏享先至玉爵○釋曰亦如之下別言贊玉几玉爵則
天地不用玉几玉爵其言亦如之者謂亦贊王牲事已上不
云大者欲見宗廟六享同然○注玉几至玉爵○釋曰云天
子左右玉几者此是司几筵文彼所云者謂王受諸侯朝覲
會同所設今此享先王鬼神之几亦與王平生同故引爲證
此享先王有玉几玉爵天地有爵但不用玉飾祭宗廟用玉
几天地亦應有質几不言之者文不具云宗廟獻用玉爵者

按明堂位獻用玉琖謂王朝踐饋獻酳尸時若祼則用圭瓚也**大朝覲會同贊玉幣**助王受此四者時見曰會殷見曰同大會同或於春朝或於秋覲舉春秋則冬夏可知玉幣諸侯享幣也其合亦如小行人所合六幣云玉獻獻國珍異亦執玉以致之玉几王所依也立而設几優尊者玉爵王禮諸侯之酢爵王朝諸侯立依前南面其禮之於阼階上○見賢遍反下同朝直遙反下文同酢音昨依於豈反本亦作扆

玉獻玉几玉爵

疏 大朝至玉爵○釋曰諸侯四時常朝不稱大今朝覲稱大者諸侯爲大會同而來故稱大朝覲贊助也助王受此玉幣玉獻玉几玉爵也○注助王至階上○釋曰云時見曰會者此大宗伯文案彼注時見者言無常期諸侯有不順服者其順服者皆來會以助師討之故云時見曰會云殷見曰同者亦大宗伯職文殷猶衆也謂十二歲王如不巡狩諸侯衆來同見天子故曰殷見曰同云大會同或於春朝或於秋覲者大會雖無常期當春來即是春朝當秋來即是秋覲當夏來即是夏宗當冬來即是冬遇若大同則有常期春東方六服盡來夏南方六服盡來秋冬司農云舉春秋即冬夏可知者經直云大朝覲不言宗遇有宗遇可知在國行朝禮訖乃皆爲壇於國外而命事焉云玉幣

諸侯享幣也者諸侯會同皆依四時常朝亦春夏受贄于朝受享幣者於廟秋冬一受之於廟受朝既訖乃受享獻國所有珍異其行享之時亦璧琮加束帛以致之云其合亦如小行人所合六幣云者案小行人所合六幣圭以馬璋以皮璧以帛琮以錦琥以繡璜以黼據彼鄭注五等諸侯享天子用璧以帛享后用琮以錦則圭以馬璋以皮者謂二王之後享天子用圭以馬享后用璋以皮則琥以繡璜以黼者子男自相享法但小行人所云者謂四時常朝不見大朝覲會同法約與四時常朝同無正文故言云也云玉獻獻國珍異亦執玉以致之者謂三享之外別有獻國珍異亦如三享執玉以致之故言玉獻謂以玉致獻也云玉几王所依也者謂王所馮依云立而設几優尊者知立而設几者案司几筵云大饗射凡封國命諸侯王位設黼依依前南鄉左右玉几是立而設几也但春夏受享秋冬一受之於廟廟中則有扆前設几法几爲坐設今立而設几故云優至尊也云玉爵王禮諸侯之酢爵者案大行人云上公再祼而酢侯伯一祼而酢子男一祼不酢此祼時大宗伯攝祼非冢宰所贊但諸侯酢王用玉爵則冢宰贊王受之故云贊玉爵云王朝諸侯立扆前南面者此約司几筵知之謂秋冬朝時云其禮之於阼階上者言禮之謂祼諸侯是也知王在阼階上者當依賓主之禮案

燕禮主君在阼賓在牖戶之間故知禮之王在阼階上也

大喪贊贈玉含玉助王爲之也贈玉既窆所以送先王含玉死者口實天子以玉雜記曰含者執璧將命曰寡君使某含則諸侯含以璧鄭司農云含玉璧琮○含本又作唅戶暗反後同窆波驗反徐補贈反琮才宗反

疏 大喪至含玉○釋曰大喪謂王喪贊王爲此二者也○注助王至璧琮○釋曰大喪既是王喪云助王爲之也者謂助嗣王也云贈玉既窆所以送先王者案既夕士禮既窆謂下棺訖主人贈用玄纁以入壙王喪雖無文應更有加亦當以玄纁爲主也所贈亦既窆之時也云含玉死者口實者案士喪禮用貝三鄭注左右顚及中央象齒堅王含用玉義亦然也又檀弓云飯用米貝不忍虛也故云口實也云天子以玉者此云含玉玉府典瑞皆直云玉無異物之稱對大夫已下不用玉其實亦爲璧形故引雜記復引先鄭爲璧琮之形也但含玉始死用之贈玉於葬乃用此文後云含玉者用之則有先後此作文先後無義例典瑞并云飮玉此不云者文不具也

作大事則戒于百官贊王命助王爲教令春秋傳曰國之大事在祀與戎

疏 作大至王命○釋曰上已云祀五帝及大神祇祭祀大事戒百官訖則此云作大事

戒于百官唯戎事也○注助王至與戎○釋曰春秋傳者成十三年劉康公成肅公會諸侯伐秦成子受脤于社不敬劉子曰國之大事在祀與戎祀有執膰戎有受脤神之大節也今成子惰棄其命矣其不反乎引之者證經大事是戎事連引在祀耳

王眡治朝則贊聽治 治朝在路門外羣臣治事之朝王視之則助王平斷 疏 注治朝至平斷○釋曰王有三朝必知此是路門外朝者但外朝是斷疑獄之朝路寢庭朝圖宗人嘉事二者並於事簡非正朝故知治朝是路門外司士所掌者也

眡四方之聽朝亦如之 謂王巡守在外時○守音狩本亦作狩後巡守皆放此 疏 注謂王至外時○釋曰經云四方聽朝故知巡狩時此鄭據依常者而言征伐外亦有聽朝法以非常法故不言也

凡邦之小治則冢宰聽之待四方之賓客之小治 大事決於王小事冢宰傳平 疏 凡邦至聽之○釋曰重出冢宰之名者據百官摠焉故特云冢宰也

歲終則令百官府各正其治受其會 正正處也會大計也 疏 注正正至計也○釋曰言正正處也

者經云令百官府各正其治謂正處其所治文書大宰乃受其計會也云會大計者一歲計會即宰夫職云歲計曰會是也

聽其致事而詔王廢置 平其事來至者之功狀而奏白王 疏 聽其至廢置○釋曰百官致其治政功狀與冢宰聽斷其所置之功狀文書而詔告于王有功者置之進其爵有罪者廢之退其爵也

三歲則大計羣吏之治而誅賞之 事久則聽之大無功不徒廢必罪之大有功不徒置必賞之鄭司農云三載考績 疏 三歲至賞之○釋曰三年一閏天道小成則大計會百官羣吏之治功文書上計當年已有廢置今三年上大計大無功不徒廢更加罪大有功不徒置更加賞也○注鄭司至考績○釋曰此尚書舜典文彼云三載考績黜陟幽明彼三年一考與此同故引證三歲大計也

附釋音周禮注疏卷第二

長白盧氏 盧宣旬校

知南昌府張敦仁署鄱陽縣候補知州周澍栞

周禮注疏卷二挍勘記　　阮元撰盧宣旬摘錄

鄭氏注　賈公彦疏 此非舊式依例止當署賈氏名銜閩監毛本又上增漢唐字亦非

大宰

典常也經也灋也 閩本同余本嘉靖本監毛本灋皆作法案經用古字作灋注用今字作法此仍作灋非疏及下悉準此或法灋錯見不具著

常者其上下通名 案疏曰云常者上下通名者又故云常者上下通名也兩引此注皆無其字

弟詰即禁止之義也 閩本同監毛本弟改第非

三曰官聯 唐石經嘉靖本閩本同釋文官聯音連監毛本聯作聯非說文聯从絲絲即絲之省而非从𢍰

其四曰官刑 監本官誤官

及小宰還從治 閩監毛本同案此有誤

後改爲大常博士盧文弨云博士二字衍案漢制考引此疏無此二字

周召毛聃畢原之屬嘉靖本閩監本聃作聃毛本作聃皆誤疏中準此案釋文毛聃乃甘反字从耳

禮祀昏姻喪紀閩監毛本同誤也余本嘉靖本祀作俗疏中引注亦作禮俗當訂正

所以敺之內之於善閩本同監毛本敺改毆下並同

至社稷配食者閩本同監毛本至作是誤惠挍本亦作至

上功有功惠挍本作上公此誤

然則王子母弟雖食采也惠挍本作采邑當據以訂正或改作采地非

則經云位據立盧文弨云疑作位據朝位

云貢功也九職之功者監本貢誤九者上當有所稅

舜殛鯀于羽山是也　余本鯀作鮌案釋文葉鈔本極紀力反段玉裁尚書撰異云古經典多作極其說甚詳今本此注皆改殛非當據釋文訂正

所以毆之內之於善　釋文毆起俱反案此本疏云皆是毆羣臣入善之事是本作毆也嘉靖本亦先作毆後改毆

謂臣有大罪身殺籍其家貲　閩本同監毛本罪改古辠字非此賈疏自言與下文引經不同當作罪惠挍本身作有此本貲誤管今據閩監毛本訂正

彼欲視事起無常　惠挍本視作見此誤

輒年之則有誅責　惠挍本輒作輙

統所以合牽以等物也　余本岳本嘉靖本同閩監毛本牽作率誤此本上作㐰而下從牛是本作牽也今訂正

賢有善行也 浦鏜云注本作賢有德行者從集注按今本德作善有誤也疏內同案疏引六德六行以釋此句是賈疏本作德行淺人臆改爲善行耳以下句能多才藝者文法例之也當本作者

六曰尊貴者 惠按本同閩監毛本貴誤賢

聚斂疏材 唐石經諸本同釋文音注疏色居反不孰菜也劉音蘇案說文艸部無蔬字㐬部云疏通也从㐬从疋疋亦聲鄭注疏不熟曰饉本釋天文今爾雅作蔬

象曰瑳 余本嘉靖本同閩監毛本瑳改磋案釋文作瑳

九穀無秫大麥而有粱苽 閩監毛本同疏中粱作梁嘉靖本作粱釋文出粱苽字從木案食醫犬宜粱字從米則作粱訛

謂在山澤之民 惠校本在作任此誤下文謂在藪牧之民事業句同

飭之而已 惠校本飭上有而

主山澤之民者此本下衍○閩監毛本不衍

晉衞之男女皆是浦鏜云惠誤衞

妾爲官女是也閩監毛本作宦女是

謂若蔆芡之屬閩監毛本蔆作菱非案蔆當作蔆

三曰郊甸之賦閩監毛本同誤也唐石經余本岳本嘉靖本皆作邦甸之賦當訂正注云邦甸二百里疏云三曰邦甸之賦者皆不誤石經考文提要云宋本九經宋槧閩五注本宋附釋音本皆作邦甸○今依訂正

四曰家削之賦唐石經以下諸本同釋文家削本亦作稍又作鄁案疏云舉家稍以表公邑之民蓋經用古字作家削注及疏用今字作家稍有釋文賈疏可證而今本注及疏竝依經作削矣○按依說文則當作鄁

今之筭泉余本岳本嘉靖本閩本同監毛本筭改算非下及疏恐準此○按古書多用筭少用算者

遂師之職亦云以徵其財征浦鏜云經無其字

四曰家削之賦者謂二百里之內 監本賦誤富案二百里當作三百里

六曰邦都之賦者其五百里 浦鏜云其下脫國中四百里外六字從儀禮經傳通解續按○按六字可不增即增之國中當作邦縣

口稅所得之泉也 此本及閩本口誤曰今據監毛本訂正案注云口率出泉疏亦屢云口稅出泉

先鄭約載師園廛二十而一 浦鏜云園誤圜

何有稅乎 毛本稅改賦非疏皆言稅以釋賦

山澤民入入山澤取材亦有稅物 閩本同監本材下剜擠物字毛本遂排入

四曰羞服之式 唐石經以下諸本同釋文羞服干云羞飲食也服車服也服或作膳經義雜記曰疏云羞服之式者謂王之膳羞衣服所用也據此則晉干注本唐賈疏本皆作羞服釋文同或作膳係妄改案大府關市之賦以

待王之膳服注云膳服即羞服也此經本作羞服之證

七日匊秣之式 秣从末此本秣作秫从朮誤今據唐石經諸本訂正○按秣說文作餘从食末聲

荒謂凶年穀不孰 閩監毛本孰改熟此古字之僅存者上聚斂疏材注中亦改爲熟矣釋文猶作孰可證

醬用百有二十等之 頒閩本同監本依經改等爲罋毛本承之

聘禮賄用束紡 聘舊誤職今訂正

致饔餼匊禾之等也 閩監毛本作匊秣非

斿貢羽毛 余本嘉靖本閩監毛本同漢讀考改作羽旄云今本作毛誤旄者旄牛尾也

各以其所貴爲摯 岳本摯作摯宋本載釋文贄音至本亦作摯今本釋文以摯爲正字

材貢櫄幹栝柏篠簜也 余本同釋文幹古旦反與此合嘉靖本閩監毛本幹作榦俗書也嘉

靖本篠作篠釋文同惠挍本疏中亦作篠從竹從條此本及閩監毛本作篠非

游讀如圍游之游斿貢燕好珠璣琅玕也 閩本同監毛本作斿讀如圍游之游斿貢皆非嘉靖本作斿讀如圍游之游游貢當據以訂正疏引注作斿讀爲圍游之游游貢爲最是蓋經作斿貢司農如字讀故訓爲羽毛康成則改斿爲游漢讀考云燕好珠璣琅玕皆游觀之物是也漢時旌旗之流字作斿游觀字作游此注改其義而兼改其字非僅擬其音也當從賈疏作讀爲不當作讀如○按依說文旌旗之流字作游从於汓聲假借爲出游之游出游字或作遊則俗字也先鄭云游貢羽旄游之本義也後鄭云游貢燕好珠璣琅玕游之引申假借之義也易其字之本義故曰讀爲圍游之游其字皆从水凡作斿不从水者亦俗字也凡讀如讀爲皆有仍用本字之例殊之於其義也

王祭不共 閩本同監毛本共改供

云游貢羽毛者 閩本同誤也當從監毛本作斿貢○按旌旗之流其字本作游作斿者俗省

以其游據人宴好不得據物上生稱此當從游閩監毛本游改斿非物舊作爲今據閩監毛本訂正惠挍本作鳥蓋亦爲字之譌

皮即熊羆狐狸閩毛本同監本狸作貍

楊州所貴閩本同監毛本楊作揚下並同

所以協耦萬民嘉靖本同閩監毛本協作恊閩本疏中亦作恊从心

疾病相扶持嘉靖本作疾病相扶無持字案疏中引注正作疾病相扶今諸本有持字者淺人據今本孟子所增當刪正

使其地之民守其材物以時入于王府頒其餘於萬民諸本同案澤虞職云使其地之人守其財物以時入之于玉府頒其餘于萬民此王爲玉字之誤於亦當作于

有以治政之所得民疑作有政治之所以得民

則山澤十等 案十當作之

云友謂同井相合耦耡作者鄭意經意非謂同師曰友 此本經誤非今據閩本訂正監本以非意二字不可通遂剜空二字毛本依監本所刪排匀字數不可考矣

乃縣治象之灋于象魏 唐石經余本嘉靖本閩本同監毛本灋改法非周禮凡經皆作灋凡注皆作法

挾日而斂之 唐石經諸本同釋文挾日又作浹同干本作帀惠士奇禮說云左傳成九年浹辰之閒而楚克其三都正義曰浹周匝也從甲至癸爲十日古挾浹通詩曰使不挾四方毛傳挾達也謂方皇周浹於天下故曰達案挾古浹字周禮毛詩用字正同干本作帀係以意改非也

振木鐸以徇之 余本岳本嘉靖本同閩監毛本徇作狥非釋文作徇

故書灾 此本疏中引注同諸本灾作災閩本疏中災字剜改

舊章不可忘諸本同案左傳哀三年忘作亡惠校本作亡云萬卷堂本仍作忘○按棟依左傳改字未妥

聽朔于大廟此本朔誤朝據閩監毛本訂正

正月之吉受法于司徒浦鏜云受下脱教

是司徒布教法從六鄉已下出則此大宰布法亦從六鄉已下出也閩本同監毛本鄉作鄕誤案地官序官鄉老注云王置六鄉又云三公中參六官之事外與六鄉之教是當作六鄉明甚

雉門災及兩觀是也案春秋經作雉門及兩觀災

季桓子曰與公立於雉門象魏之外浦鏜云曰疑衍案與當作御○按曰當依左傳作至

命藏大廟中象魏 惠挍本命上有故

破諸家從甲至癸謂之挾日通也 案通字當衍

置其輔 唐石經此輔字原刻作傅後磨改作輔

上以言六典治邦國 浦鏜云已誤以

所施者典則建其牧已下是也 浦鏜云之誤者案已當作以此已與上以蓋互

誤

若殷之牧下 案下字誤

士稱殷與旅司 浦鏜云司疑同誤

故鄭元謂衆士也 案元當云之誤

受上政傳於下受下政傳於上 閩監毛本傳作傅按此本作傳大誤賈疏釋經

傳字之義也傳皆音附

不足于諸侯案于當作於疏引注作不足於諸侯

大夫則入家宗人中此本則入二字實闕閩監毛本作大夫入家宗人中案惠校本大夫下有則與此本字數正合今據補

若叔孫氏之臣名䫻戾惠校本同與左傳合閩監毛本䫻誤駿

並是五官之長案長當考字之誤

以官成待萬民之治唐石經諸本同案經當本作以成待萬民之治與上下文以典以則以灋以禮句法正同賈疏釋成爲官成因誤竄入經矣注云成八成此經作成不作官成之證八成在小宰官成在大宰八灋○按前說非也大宰八法中之官成鄭以小宰官府之八成釋之是本無二事故此注亦曰成八成此經必言官成者謂以治官府之八成待萬民之治也又欲見此官成卽從八法中别出也聖人文字精嚴如此安得去官字取整齊哉賈疏不誤

八成本以治萬民　案疑作八成本以經邦治

八成小宰職掌掌　案疑作小宰職所掌

脩掃除糞灑　閩監毛本同余本嘉靖本掃作埽此本疏中引注亦作埽當據以訂正

旣卜又戒百官以始齊　浦鏜云遂誤又

謂於祭前之夕爲期　毛本夕誤日

故箴膏肓云　閩本同監毛本肓誤盲

當祭日槪祭器者　閩本同監毛本槪改漑非下四槪字同少牢禮作槪○按據此可知注中从漑本作槪說文曰槪滌也鄭君注禮多作槪凡經注从手之槪俗本多譌从水

司宮槪豆籩及勺爵　浦鏜云儀禮無及字

以爲迎氣於四郊之外　此本外字實闕今據閩本補監毛本作等非

案冪人云疏布冪八尊此本冪誤幕今據閩監毛本訂正此頁係明正德間補刊故錯誤特多

大神祇諸本皆誤作祗敬字惟余本作祇今據訂正蓋經云神祇注作示岳本注中作示此依經改注也釋文云神示本又作祇當先有依注改經者凡經用古字注用今字段玉裁漢讀考中舉其例

從掌百官誓戒已畢閩本畢作至皆非當從監毛本作下

謂亦贊王牲事已上諸本王誤玉今據經訂正

其順服者皆來會以師惠挍本以作京此誤

但春夏受享浦鏜云當作但春夏受贄於朝受享於廟脫六字

則冢宰贊王受之此本王誤玉據閩監毛本訂正

象齧堅浦鏜云齒誤齧案儀禮注云象齒堅○按齧字不誤今儀禮注齒字誤也記云柱右顚左齻齻

者齒盡處古云牙車今云牙牀是也齧齧堅物并此處不能故左右各實一貝以像生時齧堅中一貝則像齧物而已不得云齧堅也今注云象齒堅義短

典瑞并云飲玉 飲當作飯

小事家宰傳平 閩監毛本同誤也余本岳本嘉靖本傳作專當據以訂正

事夕則聽之 閩監毛本同誤也余本岳本嘉靖本夕作久當據以訂正

附釋音周禮注疏卷第二 每卷末準此下不具著

周禮注疏卷二挍勘記終

南昌袁泰開挍

附釋音周禮注疏卷第三

鄭氏注　賈公彥疏

小宰之職掌建邦之宮刑以治王宮之政令凡宮之糾禁杜子春云宮皆當爲官玄謂宮刑在王宮中者之刑建明布告之糾猶割也察也若今御史中丞○宮刑鄭如字干同杜作官【疏】注杜子至中丞○釋曰後鄭以宮刑宮中之刑不從子春官刑者見秋官司寇已云四曰官刑此小宰不往貳之則不須重掌又見下文觀治象乃退以宮刑憲禁于王宮故知宮刑明矣云建明布告之者上冢宰尊所云建六典之等爲建立之義小宰卑云建者則明布告使知而已云糾猶割也察也者既言糾謂糾舉其非事已發者依法斷割之事未發者審察之云若今御史中丞者應劭云秩千石朝會獨坐副貳御史大夫內掌蘭臺圖籍外督刺史糾察百寮故舉漢法況之掌邦之六典八灋八則之貳以逆邦國都鄙官府之治逆迎受之鄭司農云貳副也○

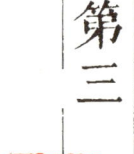

治直吏反下及注皆同疏掌邦至之治○釋曰大宰本以六典治邦國今還以六典逆邦國之治逆謂迎受句考之也大宰本以八法治朝廷官府今還以八法句考官府之治大宰本以八則治都鄙今還以八則句考都鄙之治皆句考使知功過所在也

執邦之九貢九賦九式之貳以均財節邦用疏執邦至邦用○釋曰此三者並大宰所掌者以其冢宰制國用九貢九賦斂財賄九式用之事之大者故小宰副貳之然大宰有九職小宰不貳之者以其九職云任萬民小宰若云貳謂任使亦貳之故不言其實九職任之使之出貢用之則小宰亦貳之九貢中兼之矣以其九職亦有九貢故也以均財節邦用者以九式並舊有法式多少不得增減故云均節也

以官府之六敘正羣吏一曰以敘正其位二曰以敘進其治三曰以敘作其事四曰以敘制其食五曰以敘受其會六曰以敘聽其情敘秩次也謂先尊後卑也治功狀也食祿之多少情爭訟之辭○爭

爭鬭之爭〔疏〕以官府至其情○釋曰凡言敘者皆是次敘先尊後卑各依秩次則羣吏得正故云正羣吏也○一
曰以敘正其位者謂若卿大夫士朝位尊卑次列○二曰以
敘進其治者謂卿大夫士有治職功狀文書進于上亦先尊
後卑也○三曰以敘作其事者謂有所執掌起事亦先尊後
卑也○四曰以敘制其食者謂制祿依爵命授之亦先尊後
卑也○五曰以敘受其會者謂歲終進會計文書受之亦先
尊後卑也○六曰以敘聽其情者情謂情實則獄訟之情受
聽斷之時亦先尊後卑也○注敘秩次也
釋曰云秩次者謂尊卑之常各有次敘也 以官府之六
屬舉邦治一曰天官其屬六十掌邦治大事
則從其長小事則專達二曰地官其屬六十
掌邦教大事則從其長小事則專達三曰春
官其屬六十掌邦禮大事則從其長小事則
專達四曰夏官其屬六十掌邦政大事則從

其長小事則專達五曰秋官其屬六十掌邦刑大事則從其長小事則專達六曰冬官其屬六十掌邦事大事則從其長小事則專達

大事從其長若庖人內外饔與膳夫共王之食小事專達若宮人掌舍各爲一官六官之屬三百六十象天地四時日月星辰之度數天道備焉前此者成王作周官其志有述天授位之義故周公設官分職以法之○達于云達決也

疏以官府至專達○釋曰六屬舉邦治者謂官盛任使立長官必當以屬官佐之邦治得舉是以六官各有其屬六十故云官府之六屬舉邦治也一曰天官謂大宰之官其屬六十謂宮正至夏采皆掌治職故云掌治也云大事則從其長者謂若膳夫鄭注云膳夫食官之長也則下庖人內外饔亨人有事皆來諮白膳夫故云大事從其長也小事則專達者謂若宮人掌舍無大事無長官可諮自專行事以下五官皆此類也○注大事至法之○釋曰云大事從其長若庖人內外饔與膳夫共王之食者此並共王食是同事故庖人已下諮膳夫長官也云小事專達者若宮人掌舍直掌王之行設梐枑

之等二官並是小事又不立長官當官行事故云各爲一官是專達也鄭直舉天官之內其事顯者各言其一餘官若大府鄭云治藏之長地官司市鄭云市官之長春官大司樂鄭云樂官之長夏官司甲鄭云兵戈盾官之長如此之類其事甚多不可具陳也小事則專達天官甚衆亦不可具言也云六官之屬三百六十象天地四時日月星辰之度數者依周髀七曜皆云周天三百六十五度四分度之一舉全數亦得云三百六十也言地則與天配合四時言周天亦是地之數十二月亦是周天之數日日行一度月日行十三度十九分度之七日月所行亦在周天之數星辰謂二十八宿十二次亦在周天數內皆不離三百六十五度四分度之一耳天地四時日月星辰之度數所從言之異耳故尚書洪範云五紀一日歲二日月三日日四日星辰皆別言之下以歷數揔結之亦是類也云天道備焉者以此三百六十官是天道備矣云前此者成王作周官其志有述天授位之義者鄭依書傳云周公攝政三年踐奄與滅淮夷同時又按成王周官成王既黜殷命滅淮夷還歸在豐作周官則成王作周官在周公攝政三年時周公制禮在攝政六年時故云前此者謂成王前於此時作周官其志謂成王志意有述天授位之義即彼周官云唐虞稽古建官惟百夏商倍之今予小子訓廸厥官

以立太師太傅太保茲惟三公論道經邦燮理陰陽下又云立三孤及天地四時之官是其志有述天地三百六十官位之義故周公設官分職法之也此鄭義不見古文尚書故爲此解若孔據古文尚書多士已下並是周公致政後成王之書周公攝政時淮夷奄與管蔡同作亂成王即政後又叛成王親征之故云滅淮夷還歸在豐作周官用人之法則彼周官在此周禮後與鄭義異也

以官府之六職辨邦治一曰治職以平邦國以均萬民以節財用二曰教職以安邦國以寧萬民以懷賓客三曰禮職以和邦國以諧萬民以事鬼神四曰政職以服邦國以正萬民以聚百物五曰刑職以詰邦國以糾萬民以除盜賊六曰事職以富邦國以養萬民以生百物懷亦安也賓客來共其委積所以安之聚百物者司馬主九畿職方

制其貢各以其所有○委於僞反下賙委同積子賜反

疏

以官至百物○釋曰云以官府六職辨邦治者六官者各有職若天官治職地官教職其職不同邦事得有分辨故云以辨邦治也○一曰治職者謂以平爲義也云以節財用者亦以制國用故也○二曰教職以安邦國以寧萬民者安邦國與教典同彼云擾萬民此云寧萬民不同者上擾爲馴馴則寧義無異也云懷賓客者以有委積故賓客懷安也三曰禮職以和邦國以諧萬民者此與上禮典同也云以事鬼神者以其主祭祀當職之事也○四曰政職以服邦國以正萬民者上政典云平邦國均萬民不同者服由平定使之然則服亦平也均與正義亦一也云以聚百物者鄭云司馬主九畿職方制其貢貢即百物也○五曰刑職以詰邦國以糾萬民此與上刑典文同云除盜賊者有寇則罪之盜賊得除故云除盜賊也○六曰事職以富邦國以養萬民者上事典以生萬民生則養也與上同此六職不云官府百官與六典不同者以六職皆當職行事義不及遠故與六典文異也○注懷亦至所有○釋曰教典共其委積者大司徒下有遺人掌十里有廬廬有飲食之等故云共委積也云司馬主九畿并引職方者司馬直主九畿無貢物之事故引其屬職方也

以官府之六聯合邦

治一曰祭祀之聯事二曰賓客之聯事三曰喪荒之聯事四曰軍旅之聯事五曰田役之聯事六曰斂弛之聯事凡小事皆有聯

鄭司農云大祭祀大宰贊玉幣司徒奉牛牲宗伯視滌濯涖玉鬯省牲鑊奉玉齍司馬羞魚牲奉馬牲司寇奉明水火大喪大宰贊贈玉含玉司徒帥六鄉之衆庶屬其六引宗伯爲上相司馬平士大夫司寇前王此所謂官聯杜子春弛讀爲施玄謂荒政弛力役及國中貴者賢者服公事者老者疾者皆舍不以力役之事奉牲者其司空奉豕與○弛戸氏反劉本作施音弛杜作施涖音利又音類鬯勑亮反鑊戸郭反齍音資鄉音香屬其音燭紖徐音胥劉音引本或作引相息亮反豕與音餘

【疏】以官府至有聯○釋曰云以官府之六聯合邦治者謂官府之中有六事皆聯事通職然後國治得會合故云合邦治也○一曰祭祀之聯事三曰喪荒之聯事此二者鄭注具以其二者顯著故特言之○二曰賓客之聯事者鄭雖不言案大宰大朝覲會同贊玉幣玉獻大司徒令野脩道委積大宗伯朝覲會同則爲上相大司寇云凡朝覲會同

前王唯大司馬不見有事司空又亡○四曰軍旅之聯事者以六軍軍將皆命卿田役亦然且大司徒云大軍旅大田役以旗致萬民大司馬云大師建大常比軍衆中春教振旅之事○六曰斂弛之聯事者並大宰任九職九貢九賦司徒制貢小司徒令貢賦若通數小官則多矣云凡小事皆有聯者謂司關云掌國貨之節以聯門市之類是也○注鄭司至冢與○釋曰司農雖解祭祀及大喪二事皆不言司空亡故也人祭祀唯大宰尊不奉牲宗伯不言奉雞司馬直言奉馬不兼言奉羊司寇不言奉犬皆略不言可知杜子春弛讀爲施者若依施施是施惠事不必連若爲弛則於事廣矣故後鄭不從之玄謂荒政弛力役者此經二曰喪荒荒謂年穀不熟大司徒有荒政十二其中四曰弛力弛力役謂廩人歲不能人二釜則令移民就穀是時弛力役也鄉大夫云國中貴者謂有官爵者賢者謂有德行者服公事者謂若庶人在官者老謂國中六十者疾者謂癈疾不堪役者皆舍不以力役之事也云奉牲者其司空奉豕與者司空辟亡冢五行傳云聽之不聰時則有豕禍豕屬北方又説卦云坎爲豕

以

是豕屬水故知司空奉豕無正文故云與以疑之也

官府之八成經邦治一曰聽政役以比居二

曰聽師田以簡稽三曰聽閭里以版圖四曰聽稱責以傅別五曰聽祿位以禮命六曰聽取予以書契七曰聽賣買以質劑八曰聽出入以要會鄭司農云政謂軍政也役謂發兵起徒役也比居謂伍藉也比地爲伍因內政寄軍令以伍藉發軍起役者平而無遺脫也簡稽士卒兵器簿書簡猶閱也稽猶計也合也合計其士之卒伍閱其兵器爲之要薄也故遂人職曰稽其人民簡其兵器國語曰黃池之會吳陳其兵皆官師擁鐸拱稽版戶藉圖地圖也聽人訟地者以版圖決之司書職曰邦中之版土地之圖稱責謂貸予傅別謂券書也聽訟責者以券書決之傅傅著約束於文書別別爲兩兩家各得一也禮命謂九賜也書契符書也質劑謂市中平賈今時月平是也要會謂計最之薄書月計曰要歲計曰會故宰夫職曰歲終則令羣吏正歲會月終則令正月要傅別故書作傅辨鄭大夫讀爲符別杜子春讀爲傅別玄謂政謂賦也凡其字或作政或作正或作征以多言之宜從征如孟子交征利云傅別謂爲大手書於一札中字別之書契謂

出予受入之凡薄書之最目獄訟之要辭皆曰契春秋傳曰王叔氏不能舉其契質劑謂兩書一札同而別之長曰質短曰劑傳別質劑皆今之券書也事異異其名耳禮命禮之九命之差等○政役鄭音征司農如字比眦志反注同傳音附注同別彼列反注同要會古外反凡要會會計之字皆放此卒子忽反下同閱音悅貸他代反著直略反賈音嫁月平劉音病

【疏】以官至要會○釋曰以官府之中有八事皆是舊法成事品式依時而行之將此八者經紀國之治政故云經邦治也○一曰聽政役以比居者八事皆聽者舊事爭訟當斷之也政謂賦稅役謂使役民有爭賦稅使役則以地比居者共聽之○二曰聽師田以簡稽者稽計也簡閱也謂師出征伐及田獵恐有違法則當閱其兵器與人並算足否○三曰聽閭里以版圖者在六鄉則二十五家爲閭在六遂則二十五家爲里閭里之中有爭訟則以戶籍之版土地之圖聽決之○四曰聽稱責以傳別者稱責謂舉責生子彼此俱爲稱意故爲稱責於官於民俱是稱也爭此責者則以傳別券書決之○五曰聽祿位以禮命者謂聽時以禮命之其人。策書之本有人爭祿之多少位之前後則以禮命文書聽之也○六曰聽取予以書契者此謂於官直貸不出子者故云取予若爭此取予者則以書契券書聽之○七曰聽賣買以質劑者質劑謂券書有人爭市事者則以質劑聽之○八曰聽出入以要會者歲計曰會月計曰要此出入者正是官內自用物有人爭此官物者則以要會簿書聽之○注鄭司至差等○釋曰政軍政後鄭不從者若軍政自在大司馬聽之何得在此乎云比居謂伍籍也者即司徒職五家爲比出軍即五人爲伍云因內政寄軍令者謂在家五家爲比五比爲閭四閭爲族五族爲黨五黨爲州五州爲鄉若出軍則家出一人則還五人爲伍是一比長還爲伍長領之二十五人爲兩是一閭閭胥即爲兩司馬領之以此言之至一鄉出一軍軍將還是鄉大夫爲之是因內政寄軍令此管子文彼云作內政司農云因內政者讀字不同云簡稽士卒兵器簿書者士卒謂車別甲士三人步卒七十二人兵器謂弓矢殳矛戈戟皆有簿書故引遂人以證之也云國語曰黃池之會者吳語吳晉爭長吳人令曰伏兵甲陳士卒百人爲徹行頭官師擁鐸拱稽名籍也先鄭爲計計謂據名籍計之義合故引之也云版戶籍者後鄭下注亦云鄉戶籍圖謂民之地圖故引司書版圖以證之云責謂貸子者謂貸而生子者若今舉責即地官泉府職云凡民之貸者以國服爲之息若近郊民貸則一年十一生利之類是也云傅傅著約束於文書別者各得其一二家別釋後鄭不從者名爲券書即是傅著於文

書可知後鄭傳別二字共爲一事解之云禮命謂九賜也者後鄭不從者九賜之言出自禮緯含文嘉入命已上乃有九賜此所聽斷何得取入命已上解之云書契符書也者謂官券符璽之書此據官予民物何得爲符璽之書解之故後鄭不從也云質劑謂市中平賈今時月平是也後鄭不從者地官質人云大市曰質小市曰劑若今月平賈不合有兩名故不從也云月計曰要歲計曰會者官之出入有要會薄書計符故引宰夫證之也鄭大夫讀傳別爲符別後鄭不從又云傳別故書作傳辨不從古書也玄謂政謂賦也賦則口率出泉且與役同文皆是利稅之事也云凡其字或作政者此經政役是也或作正者其字或有作正字者或作征者即孟子云交征利及鄉大夫云皆征之是也云征處多故鄭從征也孟子交征利者案孟子云孟子見梁惠王王曰叟不遠千里而來亦將有以利吾國乎對曰何必曰利亦有仁義而已矣王則曰何以利吾國大夫曰何以利吾家士庶人曰何以利吾身上下交征利則國危矣引之以證征是口稅之法云傳別謂爲大手書于一札中字別之者謂於券背上大作一手書字札字中央破之爲二段別之云書契謂出予受入之凡要者此予則取予謂若泉府云凡賒者祭祀無過旬日喪紀不過三月及旅師云春頒秋斂賒取官物後還無生利之事凡

要亦是薄書也云凡薄書之最目獄訟之要辭皆曰契者薄書之要目曰契即取予以書契是也獄訟之要辭曰契即鄭引春秋傳者是也其春秋王叔氏事在襄十年彼云王叔陳生與伯輿爭政晉侯使士匄平王室使王叔氏與伯輿合要王叔氏不能舉其契此即獄訟之要辭曰契云質劑謂兩書一札同而別之長曰質短曰劑者案地官質人云大市曰質小市曰劑鄭注大市人民馬牛之屬用長券小市兵器珍異之物用短券言兩書一札同而別之者謂前後作二券中央破之兩家各得其一皆無手書字異於傅別故鄭云傅別質劑皆今之券書也云禮命禮之九命之差等者謂若大宗伯九儀從一命受職以至九命作伯差等有九是也

以聽官府之六計弊羣吏之治一曰廉善二曰廉能三曰廉敬四曰廉正五曰廉灋六曰廉辨

聽平治也平治官府之計有六事弊斷也既斷以六事又以廉爲本善善其事有辭譽也能政令行也敬不解于位也正行無傾邪也法守法不失也辨辨然不疑惑也杜子春云廉辨或爲廉端○弊必世反治也如字下文治共弛舍同斷丁亂反下同解佳賣反邪似嗟反

【疏】以聽至廉辨○

釋曰言六計弊羣吏之治者六計謂善能敬正法辨六者不同既以廉爲本又計其功過多少而聽斷之故云六計弊羣吏之治也○注聽平至廉端○釋曰云皆以廉爲本者此經六事皆先言廉後言善能之等故知將廉爲本廉者絜不濫濁也云善善其事有辭譽也者謂有善事四方令聞辭譽也云能政令行也者謂雖無辭譽所行政令得行也云敬不解于位也者謂敬其職位恪居官次也云正行無傾邪也者以其行正直言公正無私也云法守法不失也者謂依法而行無有錯失也云辨辨然不疑惑也者謂其人辨然於事分明無有疑惑之事也杜子春云廉辨或爲廉端端者經本或爲廉端後鄭不從者若爲端端亦正與廉正爲重故不從引之在下者不苟違之亦得爲一義故也

以灋掌祭祀朝覲會同賓客之戒具軍旅田役喪荒亦如之法謂其禮法也戒具戒官有事者所當共**七事者令百官府共其財用治其施舍聽其治訟**七事謂先四如之者三也施舍不給役者七事故書爲小事杜子春云當爲七事書亦爲七事○共音恭禮本供字皆作共可以意求之

【疏】以灋至治訟○釋曰

言以法掌祭祀已下七者皆是上六聯百官聯事通職者以其衆官共故經云令百官府共其財用也然六聯之中不言朝覲會同者以彼賓客中可以兼之以其朝覲會同還是諸侯賓客之事此七事不言斂弛以其非七事中之大事故退之在下○注法謂至當共○釋曰言禮法謂七者皆有舊法依行若九式曰祭祀之式云戒具戒官有事所當共也者此七事在大宰入法中六曰官法彼在八曰官計上者以其彼有數故在上此官法無數故退在六計下也○注七事至七事○釋曰七事先四謂從祭祀至賓客云如之者三也者從軍旅至喪荒也云施舍不給役○上六聯注引鄉大夫國中貴者老者疾者服公事者是也云七事故書爲七事小事者與經不相當故杜子春從經爲正也

凡祭祀贊王○幣爵之事祼將之事又從大宰助王也將送也祼送送祼謂贊王酌鬱鬯以獻尸謂之祼祼之言灌也明不爲飲主以祭祀唯人道宗廟有祼天地大神至尊不祼莫稱焉凡鬱鬯受祭之啐之奠之○祼古亂反反爲于僞反反稱尺證反啐寸對反

疏注又從至奠之○釋曰案大宰職云祀五帝贊玉幣爵今此又云祭祀贊此三者謂小宰執以授大宰大宰執以授王是相贊助故云又從大宰助王也云將送也祼送送祼謂贊王酌

鬱鬯以獻尸者上云贊玉幣爵據祭天而下引云祼將是據祭宗廟且上大宰不言贊祼將則大宰不贊之故此注云贊王酌鬱鬯也云明不爲飲主以祭祀者朝踐已後尸乃飲二祼爲奠不飲故云不爲飲主以祭祀云唯人道宗廟有祼天地大神至尊不祼者據大宰祀五帝及大神示亦如之皆不言祼此文又祼將在玉幣爵之下明宗廟有祼天地無祼且大宗伯祀天言禋祭社言血享大神不灌者不用降神無妨用秬鬯必若然天地用八尊直有五齊三酒不言秬鬯尊者以其鬯人職天地八尊者以與宗廟六彝相對爲文鬯人職秬鬯不入彝尊則別有尊矣不言者略耳不祼者覆載之德其功尤盛欲報之德無可稱焉故無祼直加敬而已其牲用特其器陶匏皆是質略之事故鄭云莫稱焉云凡鬱鬯受祭之啐之奠之者謂王以圭瓚酌鬱鬯獻尸后亦以璋瓚酌鬱鬯獻尸尸皆受灌地降神明爲祭之向口啐之啐之謂入口乃奠之於地也祭天地既言無灌案宗伯泚玉鬯又案禮記表記云親耕粢盛秬鬯以事上帝上帝得有秬鬯者案春官鬯人職掌共秬鬯下所陳社稷山川等外神皆用秬鬯不用鬱廟言灌且亦天地無祼也天地無人職用鬯者唯有宗廟及祼賓客耳

凡賓客贊祼凡受爵之事凡受幣之事

唯祼助宗伯其餘皆助大宰王不酌賓客而有受酢大宗伯職曰大賓客則攝而載祼

【疏】凡賓至之事○釋曰凡賓客贊祼者案大行人云上公再祼而酢侯伯一祼而酢子男一祼不酢謂諸侯來朝朝享既畢王禮之有此灌酢之禮也云凡受爵之事者謂上公與諸侯酢王之爵王受之云凡受幣之事者謂廟中行三享享時璧以帛琮以錦致享時有此受幣之事皆言凡者謂諸侯非一故言凡以廣之也○唯祼至載祼○釋曰言唯祼助宗伯者後引宗伯職者是也云其餘皆助大宰者謂受爵幣二者皆助大宰賓客酢王之時大宰於賓處受而授王王飲訖大宰受爵以授小宰受幣之時亦王親受受以授大宰大宰以授小宰也云王不酌賓客而有受酢者案燕禮使宰夫爲主人是君不酌臣於諸侯亦然受酢是飲酒之事臣不可代君飲酒故有受酢之事也又引大宗伯職曰大賓客則攝而載祼者案彼鄭注云載爲也言爲者攝酌獻耳拜送則王也若然大宗伯非直攝王祼若上公再祼兼有后祼之時大宗伯亦代后祼也拜送則后也拜乃恭敬之事亦不可使臣代之故也

喪荒受其含襚幣玉之事春秋傳曰口實曰含衣服曰襚凶荒有幣玉者賓客所賙委之禮○襚音遂賙音周

【疏】喪荒至之事○釋曰喪謂王喪

諸侯諸臣有致含襚幣玉之事荒謂凶年諸侯亦有致幣玉
之事上大宰不言則此小宰專受之案禮記少儀云臣致襚
於君則曰致廢衣於賈人則諸侯臣皆得致含也○注春秋
至之禮○釋曰云春秋傳者公羊文其含襚所用在死之時
若既殯之後亦容有致之法故禮記雜記殯後諸侯遣使致
含襚賵之禮主人受之雖不及事容致厚意是以春秋左氏
秦人來歸僖公成風之襚亦在踰年後春秋不譏也云凶荒
有幣玉者賓客所賵委之禮者案小行人云若國凶荒則令
賙委之彼謂王家賙委諸侯
法此謂諸侯賙委王家法也

月終則以官府之敘受羣吏之要

主每月之小計

疏　月終至之要○釋曰月計曰要
故每月月終則使官府致其簿
書之要受之當先尊後卑故言敘○注主每月之小計○釋
曰言小計對下經歲會爲大計也若大會則下文冢宰平之

贊冢宰受歲會歲終則令羣吏致事

使齎歲盡文書
來至若今上計○齎子
兮反上時掌反下同

疏　贊冢至致事○釋曰贊助也歲
計曰會言冢宰則據百官摠焉
謂助冢宰受一歲之計云歲終則令羣吏致事者謂使六官
各致一年功狀將來考之故也○注使齎至上計○釋曰漢

之朝集使謂之上計吏謂上一年計會文書及功狀也正歲帥治官之屬而觀治象之灋徇以木鐸曰不用灋者國有常刑正歲謂夏之正月得四時之正以出教令者審也古者將有新令必奮木鐸以警衆使明聽也木鐸木舌也文事奮木鐸武事奮金鐸○夏戸雅反後放此

【疏】正歲至常刑○釋曰此則大宰周之建正月之吉始和布之於天下至此建寅正歲之正月懸之於象魏其小宰亦助大宰帥治官六十官之屬及萬民而觀治象之法使知當年治政之法也其時小宰徇以木鐸以警衆曰不用法者國有常刑欲使之用命不犯刑也○注正歲至金鐸○釋曰知正歲是夏之正月者見凌人云正歲十有二月令斬冰若正歲是見子周正即令之十月冰未堅不得斬之言正歲得四時之正周殷則不得以此推之諸言正歲者皆四時之正是建寅之月云古者將有新令必奮木鐸以警衆者案禮記檀弓云自寢門至於庫門振木鐸曰舍故而諱新彼及此文皆是有命奮木鐸警衆使明聽之事也云木鐸木舌者鐸皆以金爲之以木爲舌則曰木鐸以金爲舌則曰金鐸也云文事奮木鐸者此文乃檀弓并明堂位曰振木鐸於朝天子之禮皆是也又云武事奮

金鐸者鼓人云金鐸通鼓大司馬云兩司馬振鐸是也乃退以宮刑憲禁于王

宮憲謂表縣之若令新有法令云（疏）注憲謂至令云。釋曰凡刑禁皆出秋官令云憲禁者與布憲義同故小宰得秋官刑禁文書表而縣之於宮內也令于百官府曰各脩乃職

攷乃灋待乃事以聽王命其有不共則國有

大刑乃猶女也（疏）令于至大刑。釋曰此經於職末當稟于大宰而令百官謹于此數事以結之也

宰夫之職掌治朝之灋以正王及三公六卿

大夫羣吏之位掌其禁令治朝在路門之外其位司士掌焉宰夫察其不

如儀。治直吏反注及下之治贊治官掌其治皆同朝直遥反後皆同（疏）宰夫至禁令。釋曰言掌治朝之法

以正王及三公六卿大夫羣吏之位者案司士云正朝儀之位辨其貴賤之等王南鄉三公北面東上孤東面北上卿大夫西面北上王族故士虎士在路門之右南面東上大僕從者在路門之左南面西上此羣吏即羣士是其位也掌其禁

令即察其不如儀耳○注治朝至如儀○釋曰知此治朝在路門外者燕朝在路寢庭外朝在庫門外其事希簡非常治政之所此云治朝是常治事之朝故知是路門外夏官司士所掌者知察其不如儀者宰夫與司士俱是下大夫非贊治朝又見經云禁令知直察其不如儀式者也

敘羣吏之治以待賓客之恒次敘諸吏之職事三者之來則應使辦理之鄭司

令諸臣之復萬民之逆農云復請也逆迎受王命者宰夫主諸臣萬民之復逆故詩人重之曰家伯維宰玄謂復之言報也反也反報於王謂於朝廷奏事自下而上曰逆逆謂上書【疏】敘羣至之逆○釋曰此宰夫次敘羣吏諸臣等之治職即以待賓客已下三事使之應荅不關於事也言以待賓客之令此一者謂若大宗伯朝覲會同則爲上相肆師云大朝覲佐儐及大小行人掌客掌訝委人遺人之屬皆是待賓客之官使辦理之也云諸臣之復此其二者案夏官小臣職云掌三公及孤卿之復逆復逆並掌之此不言逆者但宰夫直次之不掌事故於文略也又案夏官大僕職云掌諸侯之復逆此諸臣中兼之此宰夫恒敘大僕小臣等辨理此復逆之事也云萬民之逆此三也者案夏官御僕職掌羣吏庶民之復逆彼羣吏與此

經羣吏爲羣臣別故鄭彼注羣吏府史以下此不言羣吏及復亦是文略也此宰夫次敘御僕使辨理府史萬民復逆也○注恒次至上書○釋曰鄭司農云復請也逆迎受王命者復是報白之義不得爲請故後鄭不從又王命既出在下受而受而行之不得云逆逆者向上之言不爲向下之義故後鄭亦不從云宰夫主諸臣萬民之復逆故詩人重之曰家伯維宰者知彼宰非大宰而當此宰夫者維宰在司徒下膳夫上故知是宰夫也此先鄭以官次第當宰夫案鄭彼注冢宰掌建邦之六典皆卿也不從司農者諸經單稱宰者皆大宰若宰夫無單言宰者故爲大宰解之若然大宰在司徒下者彼以權寵爲次不以尊卑故內史中大夫在膳夫上士之下師氏中大夫在趣馬下士之下玄謂復之言報也反也者謂羣臣受王命使臣行之訖反報於王故云朝廷奏事也云自下而上曰逆者謂自上而下曰順故自下而上曰逆也言上書者則今之上表也若然據夏官諸侯諸臣萬民皆復逆並有則此亦皆有上書奏事耳司農於此注復爲請逆爲迎受王命後鄭不從及至夏官大僕先鄭注云復謂奏事逆謂受下奏即與後鄭義同故彼後鄭從之若然是先鄭兩解也案內豎云掌外內之通令凡小事鄭注云內后六宮外卿大夫也使童豎通王內外之命給小事者以其無與爲禮出入便

族內外以大事聞王則大事俟朝而自復若然何須更有小臣等復逆乎然者一日萬機或有俟朝自復有大事急促不得待朝即須非時逆傳使聞徹在上者也

掌百官府之徵令辨其八職一曰正掌官灋以治要二曰師掌官成以治凡三曰司掌官灋以治目四曰旅掌官常以治數五曰府掌官契以治藏六曰史掌官書以贊治七曰胥掌官敘以治敘八曰徒掌官令以徵令別異諸官之入職以備王之徵召所爲正辟於治官則冢宰也治要若歲計也師辟小宰宰夫也治凡若月計也司辟上士中士治目若今日計也旅辟下士也治數每事多少異也治藏藏文書及器物贊治若今起文書草也治敘次序官中如今侍曹伍伯傳吏朝也徵令趨走給召呼○藏才浪反注治藏同別彼列反辟於音譬本亦作譬下皆同傳直專反

疏○掌百至徵令○釋曰言掌百官府之徵令辨其八職者謂摠王朝三百六十官

以備王之所徵召及施令若不分別其職則徵召無所指斥
故須分辨三百六十職也○一曰正者正長也六鄉下各有
屬六十故六鄉稱正也云掌官法者掌當官之法也以治要
者要謂大計要也○注別異至召呼○釋曰自正已下爲八
職皆備王召呼則正亦備王召呼及所爲也言正辟於治官
則冢宰也者以其六鄉異目或稱大宰或稱司徒之等尊卑
相似正長也每職各爲一官之長故摠謂之正也以其六者
非一相比辟故以辟言之令舉天官一官言之餘可知云治
要若歲計也者案下文歲終云會月終云要旬終云成此歲
云要者但六鄉下云要不云會以要當會處故以治要爲歲
計也云師辟小宰宰夫也者以下文四曰旅是下士諸官皆
名旅其下士之上有上士中士向上差次當三曰司上士之
上向上差次有小宰宰夫故知二曰師當小宰宰夫也言辟
者亦是六鄉之下皆有此二者若司徒之下小司徒鄉師之
類故亦言辟也二者同名師者亦是六者異目尊卑相次故
同名師也云治凡若月計者上要既當歲會故治凡當月計
曰要之處也云司辟上士中士者此亦是題目有異若大司
馬之下上士曰輿司馬中士曰行司馬與諸官上士中士不
同尊卑相似故摠謂之司馬以其各有職司也六官之下同
名司故亦云辟也云治目若今日計也者從治要向下以次

差之此治日當日計日成之處故云今日計也云旅辟下上也者此下士既無所兼故存本號曰旅亦是六官下同號曰旅故亦曰辟也云治數每事多少異也者以上治目當日計此治數無數當下士稱旅理衆事故以治數爲每事多少解之云治藏藏文書及器物者其名曰府府者主以藏物故藏當司文書及當司器物也云贊治若今起文書草也者起文書草乃後判決是爲贊治之法故稱贊治也云治敘次序官中者既有才智爲什長當次序官中須人驅役之處則科次其徒故云次敘官中也云如今侍曹五伯傳吏朝也者漢時五人爲伍伯長也是五人之長言傳吏朝者傳在朝羣吏諸官事務於朝也胥爲什長亦然故舉漢法況之也云徵令趨走給召呼者其徒止爲在朝趨走供給官人召呼使役之事也

掌治灋以考百官府羣都縣鄙之治乘其財用之出入凡失財用物辟名者以官刑詔冢宰而誅之其足用長財善物者賞之 羣都諸采邑也六遂五百家爲鄙五鄙爲縣言縣鄙而六鄉州黨亦存焉乘猶計也財泉穀也用貨賄也物畜獸也辟名詐爲書以

空作見文書與實不相應也官刑在司寇五刑第四者○辟名徐芳石反劉芳益反干云不當也畜許又反見賢遍反

疏 掌治至賞之○釋曰宰夫是句考之官故以治法考百官府及羣都縣鄙鄉遂之內治功善惡也言乘計其財用之出入者謂上數處用官物者當乘計其用財之出入知其多少云凡失財用物辟名者謂失官家財及用與物三者而辟名者以官刑詔告冢宰長官誅責之也有足用用之能足長財財又能長善物物又能善如此者賞之○注羣都至四者○釋曰云羣都諸采邑也者謂大都小都家邑三處也云六遂五百家為鄙五鄙為縣者遂人文云六鄉州黨亦存焉者六遂在外尚考之六鄉在內考之可知不言者舉外以包內也云乘猶計也者計者筭法乘除之名出於此也云財泉穀也者上九賦斂財賄已釋訖云用貨賄也者案內府云掌受九貢九賦九功之貨賄以待邦之大用故知用中有貨賄也云物畜獸也者案獸人云掌罟田獸辨其名物及春秋獻獸物又牧人云掌牧六牲而阜蕃其物以此知物中有畜有獸也云辟名詐為書以空作見文書與實不相應也者其人失財用物者則詐為文書以空物作見在文書與實物不相應是罪人也云官刑在司寇五刑第四者彼司寇掌五刑其四曰官刑上能糾職是也

以式灋掌

祭祀之戒具與其薦羞從大宰而眂滌濯薦脯醢也羞庶羞內羞［疏］以式至滌濯○釋曰言式法者謂祭祀大小皆有舊法式依而戒敕使共具之云與其薦羞者謂亦戒具之也云從大宰而眂滌濯者上大宰職已云祀五帝眂滌濯此宰夫又從大宰眂之也○注薦脯至內羞釋曰案儀禮鄉飲酒鄉射燕禮諸單言薦者皆是脯醢故知此薦亦脯醢云羞庶羞內羞者庶羞謂天子八豆諸侯六豆之等內羞謂祭祀食後所加言內者少牢所謂房中之羞糗餌粉餈是也

凡禮事贊小宰比官府之具比校次之○比如字注同戚毗志反［疏］注比校次之○釋曰上小宰於七事已言以法掌戒具此宰夫贊小宰校次之使知善惡足否也

凡朝覲會同賓客以牢禮之灋掌其牢禮委積膳獻飲食賓賜之飧牽與其陳數牢禮之法多少之差及其時也三牲牛羊豕具爲一牢委積謂牢米薪芻給賓客道用也膳獻禽羞俶獻也飲食燕饗也鄭司農云飧夕食也春秋傳曰飧有陪鼎牽牲牢可牽而行者春秋傳曰餼牽竭矣

玄謂殯客始至所致禮凡此禮陳數存可見者唯有行人掌
客及聘禮公食大夫○委積上於僞反下予賜反此二字相
連皆同此音飲鄭徐於鴆反注同食音嗣注飲食公食
同殯音孫牽一本作賓賜掌其殯牽干本同做昌六反【疏】
凡朝至陳數○釋曰上大宰云大朝覲會同彼言大謂朝覲
爲會同而來今此朝覲不言大則朝覲自是四時常朝及會
同皆有賓客也云以牢禮之法者五等諸侯來朝天子待之
自有常法若大行人掌客者也云掌其牢禮者下別言委積
之等則此牢禮謂饔餼之禮若然委積是賓未至時在道所
設聘禮云聘日致饔則饔餼是朝日致之矣今在委積上者
以饔餼禮是禮之大者故先言之且委積非直賓來時共之賓
去亦共之在下亦其宜若然殯牢皆殺而云殯牽者以掌客
云積視殯牽據積而言之也○注牢禮至大夫○釋曰云牢
禮之法多少之差者案大行人上公饔餼九牢饗禮九獻食
禮九舉此等其侯伯降二等以七爲節子男又降二等以五
爲節也又掌客云上公殯五牢五積侯伯殯四牢四積子男
殯三牢三積是其數也云及其時也者案聘禮云賓至大夫
帥至于館卿言宰夫朝服設殯又云聘日致饔即天子待諸
侯亦然其委積者從來至去在道而設之並是時也若然此
等之禮並是掌客所主今此復言之者此宰夫雖非正職以

其主陳之當知其數故言之耳云三牲牛羊豕具爲一牢者此依聘禮卿韋弁歸饔餼於館之時有五牢餁一牢設於西階腥二牢設於東階牽二牢陳于門內之西北首以牛一以羊一豕一稱牢此既以經牢禮爲饔餼故還引聘禮順饔餼以證之也云委積謂牢米薪芻給賓客道用也者依掌客云積視飧牽飧有芻薪及米明委積在道所設亦有芻米薪蒸也且地官遺人云十里有廬廬有飲食三十里有宿宿有委五十里有市市有積是其委積給客道用也云膳獻禽羞俶獻也者此聘禮記文彼注云禽羞謂成孰有齊和者俶獻四時珍美新物也俶始也言其始可獻也聘義謂之時賜是也云飲食燕饗也者鄭以燕饗解飲食即是飲人燕饗中不解經中食爲食禮者經中言食則食禮自明今云飲食燕者欲見飲人燕禮可知饗中又兼燕與食以其饗有米有酒故也司農云飧夕食也者先鄭以飧字夕下爲之即爲夕食但客至即設不要待夕故後鄭不從也云春秋傳曰飧有陪鼎者左氏昭五年楚薳啟彊曰宴有好貨飧有陪鼎是也云春秋傳曰餼牽竭矣者左氏僖三十三年鄭皇武子辭秦客杞子等云唯是脯資餼牽竭矣是也玄謂飧客始至所致禮者此亦先鄭案聘禮客始至大夫帥至于館宰夫朝服設飧不待至夕也云凡此禮陳數存可見者唯有行人掌客及聘禮公食大

夫者以儀禮三千條內具有諸侯之禮俱亡滅者多今存可見者周禮之內有大行人掌客是待諸侯之禮儀禮之內有聘禮公食大夫是待聘客之法皆有陳數考校可知也

凡邦之弔事掌其戒令與其幣器財用凡所共者弔事弔諸侯諸臣幣所用賻也器所致明器也凡喪始死弔而含襚葬而賵贈其間加恩厚則有賻焉春秋譏武氏子來求賻○賻音附

〈疏〉凡邦至共者○釋曰弔謂王使人弔諸侯自弔諸臣須從王行者并有贈喪之具百官當共故宰夫摠戒令之與其幣器財用凡所共者也○注弔事至求賻○釋曰案大宗伯云以喪禮哀死亡禮記檀弓曰君臨臣喪巫祝桃茢執戈惡之也天子之禮弔諸臣之法春秋左氏王使榮叔歸含且賵是有弔法故云弔諸侯諸臣也云幣所用賻也者案公羊傳口實曰含車馬曰賵衣服曰襚幣不入含襚賵中故知是賻也云器所用致明器也者案儀禮既夕禮云若就器則坐奠于陳注云就猶善也贈無常唯翫好則此贈與人亦是賓客就器而云明器者相對言之則檀弓云竹不成用瓦不成味木不成斲琴瑟張而不平之等是主人之明器賓客所致者謂之就器就成也謂善作之名爲就器揔而言之皆是神明死者之器故此就器亦名

明器也云凡喪始死弔而含襚葬而賵贈其間加恩厚則有賻焉言此者欲見賻非正禮其賻乃是於死者恩厚乃加之故禮記云弔喪不能賻不問其所費是恩厚之義也云春秋譏武氏子來求賻者隱公三年公羊文案公羊云武氏子來求賻何以書譏何譏爾喪事無求求賻非禮何休云禮本爲有財者制有則送之無則致哀而已不當求求則皇皇傷孝子心蓋通於下何休云云爾者嫌天子財多不當求下財少可求故明皆不當求鄭引此者見王於諸侯諸臣有歸則爾諸侯諸臣亦不得求也顏路請子之車孔子不與亦是不合求故抑之也

大喪小喪掌小官之戒令帥執事而治之大喪王后世子也小喪夫人以下小官士也其大官則冢宰掌其戒令治謂共辦○辦簿莧反〔疏〕大喪至治之○釋曰其小官士以下則此宰夫戒令諸官有事者也○注大喪至共辦○釋曰大宰云大喪贊贈玉含玉宗伯云朝覲會同則爲上相大喪亦如之鬱人鬯人俱云大喪之渳典瑞云大喪共飯玉含玉彼皆據°喪唯司寇云大喪前王以爲嗣王皆不爲后世子喪者彼皆不對小喪此大喪對小喪亦王所弔服故注爲王后世子也此不言庶子文不具云小官士也者宰夫下大夫所掌而言小官明是士可知云

其大官則冢宰掌其戒令者冢宰不言者文不具云治謂共辦者謂當職合共者供辦之三公六卿之喪與職喪帥官有司而治之凡諸大夫之喪使其旅帥有司而治之旅冢宰下士〔疏〕三公至治之○釋曰三公六卿喪尊故宰夫與春官職喪帥其於喪家有事官有司而治之治之亦謂共辦之大夫之喪卑宰夫不自爲使在已之下其旅三十有二人帥有事於喪家之有司而治之治之亦謂共辦之也歲終則令羣吏正歲會月終則令正月要旬終則令正日成而以攷其治治不以時舉者以告而誅之歲終自周季冬正猶定也旬十日也治不時舉者謂違時令失期會○會如字〔疏〕歲終至誅之○釋曰言周之歲終十二月則令羣吏羣吏則六十官正歲會正猶定也謂一年會計文書摠句考之歲計曰會也月終則令正月要者謂每月終則令羣吏正其月要月要謂月計曰要也旬終謂每旬終則令羣吏正其日成日成謂日計曰成也云而以攷其治者

言會要成總考之云治不以時舉者謂文書稽滯者故鄭云違時令失期會也云以告而誅之者謂告冢宰而誅責之也○注歲終至期會○釋曰知歲終是周之季冬者以其正月之吉始和彼正月是周之正月始和布治于天下至今歲終考之是一歲之終故知非夏之歲終也云正猶定者以其文書定乃可攷之故爲定也云旬十日也者上文云前期十日少宰云旬有一日旬與十日正同故知旬十日也

正歲則以灋警戒羣吏令脩宮中之職事警勑戒之言鄭司農云正歲之正月以法戒勑羣吏○警京領反

疏正歲至職事○釋曰正歲乃夏之正月是其歲始故以法警戒羣吏令脩宮中之職事以謹勑之也

書其能者與其良者而以告于上良猶善也上謂小宰大宰也鄭司農云若今時舉孝廉賢良方正茂才異等

疏書其至于上○釋曰上云令脩宮中之職事則此謂宮中諸吏也正歲之正月則豫選之擬至歲終當舉之也○注良猶至異等○釋曰知上是小宰大宰者以其承上文歲始未是賞時且長自告于王知上非王是小宰大宰先鄭云若今舉孝廉者謂孝弟廉潔賢良即經中良者謂有賢行而良善也云方正者人雖無

別行而有方幅正直者也云茂才者漢光武諱秀時號爲茂才即經云能者也云異等者四科不同等級各異故云異等此經據宮中子弟先鄭所云不要宮中之人引之況義耳

宮正掌王宮之戒令糾禁糾猶割也察也〔疏〕注糾猶至察也○釋曰案下經王宮中有官府故掌王宮之戒令之事有過失者已發則糾而割察之其未發則禁之也**以時比宮中之官府次舍之衆寡**時四時比挍次其人之在否官府之在宮中者若膳夫玉府内宰内史之屬次諸吏直宿若今部署諸廬者舍其所居寺○比徐方履反一音毗志反注下並同宿戚如字劉息就反下同〔疏〕以時至衆寡○釋曰以四時挍比宮中之官府及宿衛者次舍之衆寡也○注時四至居寺○釋曰此時是尋常事故爲四時解之案地官鄉師云以歲時巡國及野而賙萬民之囏阨鄭彼注時隨其事之時不爲四時解者彼據囏阨非常故爲隨其事之時不得爲四時也云官府之在宮中者若膳夫玉府等者以其言在宮中之官府是執掌重事美物及飲食乃得在王宮故知是此人等云次諸吏直宿若今時部署諸廬者此次

謂若匠人云外有九室九卿治之即詩云適子之館兮鄭云館卿士所之之館在天子之宮中如今部署諸廬彼二者與此次爲一物此據宮中之官府下宮伯云授八次八舍鄭注衞王宮者彼據宮中官府子弟云舍其所居寺者寺即舍也是官府退息之處

爲之版以待

鄭司農云爲官府次舍之版圖也玄謂版其人之名籍待待比也待戒令及比

疏 爲之版以待○釋曰版謂宿衞人名籍爲官正執籍校比之也○注鄭司農至及比○釋曰先鄭以版爲官府次舍之版圖者先鄭於八成注云版名籍圖地圖此注連言圖其版即名籍與後鄭義同後鄭以爲八名籍者增成先鄭義也

夕擊柝而比之

夕莫也莫行夜以比直宿者爲其有解惰離部署鄭司農云柝戒守者所擊也易曰重門擊柝以待暴客春秋傳曰魯擊柝聞於邾○柝吐各反莫音暮本亦作暮行下孟反爲于僞反下注皆同解佳賣反惰徒帥反離力智反重直龍反聞音問又如字

疏 夕擊柝而比之○釋曰既得名籍至夕暮擊柝校比之恐其解惰也○注夕莫至於邾○釋曰後鄭云莫行夜以比直宿者謂直宿即坐持更之人則行夜者擊柝校比直宿人故先鄭云柝戒守者所擊也易曰者是易繫辭文彼又云蓋取諸豫鄭玄注云豫坤下震上九四體

震又互體有艮艮爲門震曰所出亦爲門重門象艮又爲手巽爻也應在四皆木也手持二木也手持二木以相敲是爲擊柝擊柝爲守備警戒也四又互體爲坎坎爲盜五離爻爲甲冑戈兵盜謂持兵是暴客也又以其卦爲豫有守備則不可自逸是也云春秋傳曰者左氏哀七年秋魯伐邾茅成子請告于吳不許曰魯擊柝聞於邾吳二千里不三月不至何及於我引之證擊柝之義也

國有故則令宿其比亦如之鄭司農云故謂禍災令宿宿衛王宮春秋傳曰忘守必危況有災乎玄謂故凡非常也文王世子曰公有出疆之政庶子以公族之無事者守於公宮正室守大廟諸父守貴宮貴室諸子諸孫守下宮下室此謂諸侯也王之庶子職掌國子之倅國有大事則帥國子而致於大子唯所用之者令宿之事蓋亦存焉○守手又反又音手彊居良反倅七內反

疏 國有至如之○釋曰有故有災禍及王時出行不在皆是也云則令宿其比亦如之者亦如比夕擊柝已上之事與平常同也○注鄭司至存焉○釋曰先鄭引春秋傳者左氏昭十八年夏五月宋衛陳鄭災子産授兵登陴子大叔曰晉無乃討乎子産曰小國忘守則危況有災乎彼爲則先鄭云必讀守不同也玄謂故凡非常也文王世子曰公有出疆之政者謂出朝覲

也云庶子以公族之無事者守於公宮者此言與下爲目庶子謂諸侯庶子之官掌卿大夫士之適子并掌公家之事云正室守大廟者謂公族之内適子名爲正室使守大廟大廟尊故也云諸父守貴宮貴室者謂同族諸爲父行者貴宮貴室同爲路寢路寢對大廟生人之尊也云諸子諸孫者亦謂同族之内諸爲子行孫行者也云守下宮下室者下宮謂親廟四下室謂燕寢也云此謂諸侯也者謂文王世子文是諸侯法也云王之庶子職掌國子之倅已下者是夏官諸子職文云庶子者諸庶一也於諸侯即爲庶子於天子則爲諸子今因諸侯言庶子其實夏官所云是諸子職也彼鄭注倅謂副倅之倅國子謂諸侯卿大夫士之子者云國有大事則帥國子而致於太子唯所用之者彼云大事寇戎之事卿大夫士之子屬太子故唯太子所使用也彼是甲兵不云宿衛故鄭云令宿之事蓋亦存焉存焉者宿衛之事亦在唯所用中引之者欲見國有故中有王出疆巡守征伐皆須令宿增成先鄭義也

辨外内而時禁

鄭司農云分別外人内人禁其非時出入○別彼列反

【疏】辨外内而時禁○釋曰先鄭云分別外人内人禁其非時出入者謂往在王宮中有卿大夫士等外人謂男子内人謂婦女皆是也此男女自相對爲外人内人其内人非謂

宰職所云內人是刑女在宮中者也**稽其功緒糾其德行**稽猶考也計也功吏職也緒其志業○行下孟反【疏】稽其至德行○釋曰緒業也宮正考計其宮中卿大夫士功狀及職業多少糾察其在身爲德施之爲行二者也**幾其出入均其稍食**鄭司農云幾其出入若今時宮中有罪禁止不能出亦不得入及無引籍不得入宮司馬殿門也玄謂幾荷其衣服持操及疏數者稍食祿稟○荷呼可反又音何操七曹反數音朔稟彼錦反【疏】注鄭司至祿稟○釋曰先鄭引今時者謂漢法言引籍者有門籍及引人皆得出入也又云司馬殿門者漢宮殿門每門皆使司馬一人守門比千石皆號司馬殿門也玄謂幾荷其衣服持操及疏數者察闌人云喪服凶器不入宮潛服賊器不入宮奇服怪民不入宮殿門云幾出入不物者謂衣服視古不與衆同及所操物不如品式者職雖不同皆是守禁此經直云幾其出入明如漢有此呵其衣服持操及疏數此增成司農義也云稍食祿稟者○稍則稍稍與之則月俸是也則下士食九人中士倍下士上士倍中士大夫倍上士之類其祿與之米稟故云祿稟也**去其淫怠與其奇衺之民**民宮中吏之家人也淫放

濫也怠解慢也奇衺譎觚非常○去起呂反奇音羈徐去宜反衺似嗟反亦作邪譎古穴反觚音孤疏注民宮至非常○釋曰此一經並是吏之民云淫放濫也怠解慢也爲此惡行也云民宮中吏之家人也者吏即宅在宮中卿大夫士其家人爲此惡行也者使之不爲即是去也此民謂若秋官隸民之類云奇衺譎觚非常者兵書有譎觚之人謂譎詐桀出觚角非常也

會其什伍而教之道義

五人爲伍二伍爲什會之者使之輩作輩學相勸帥且寄宿衞之令鄭司農云道謂先王所以教道民者藝謂禮樂射御書數○會如字注同教道徒報反下道導同疏注五人至書數○釋曰宮正掌宮中卿大夫士亦兼掌子弟會謂會合其宮中子弟使之以五人爲伍二伍爲什必會合之者欲使之宿衞將語言相體服容相識是其非作也及其學問又相規及切瑳琢磨是其輩學揔是相勸帥也云且寄宿衞之令者管子云因内政寄軍令在家時五家爲比在軍還五人爲伍之類此亦五人爲伍二伍爲什使之輩學似若在家也因使之宿衞以寄軍令也先鄭云道謂先王所以教道民者謂若保氏云掌養國子以道而教之六藝道則師氏三德三行也藝謂禮樂射御書數亦保氏職文也

月終則會其稍

食歲終則會其行事行事吏職也疏月終至行事○釋曰稍食謂宫中官府等月祿故至月終會計之歲終則會計行事吏職當考知功過也凡邦之大事令于王宫之官府次舍無去守而聽政令使居其處待所爲疏凡邦至政令○釋曰邦有大事謂國之大事在祀與戎則令于王宫之官府次舍無去守謂使之皆在次舍不得去部所守而聽待政令須有所爲春秋以木鐸脩火禁火星以春出以秋入因天時而以戒疏春秋至火禁○釋曰春謂季春秋謂季秋二時火星出入之時以木鐸警衆使脩火禁也○注火星至以戒○釋曰火星則心星也公羊謂之大辰服注春秋云火出於夏爲三月於商爲四月於周爲五月故云以春出也季秋昏時伏於戌火星入故云以秋入云因天時而以戒者此火謂陶冶鑄銅之火因天出火民則爲之因天入火民則休之故云因天時戒之也此施火謂宫正於宫中特宜慎火故脩火禁夏官司爟云掌行火之政令四時變國火以救時疾下又云時則施火令爲焚萊之時故脩火禁也秋官司烜云中春以木鐸脩火禁于國中注云爲季春將出火也

火禁謂用火之處及備風燥是二月頒脩之三月重掌事各有所爲不相妨也

凡邦之事蹕宮中廟中則執燭鄭司農讀火絕之云禁凡邦之事蹕國有事王當出則宮正主禁絕行者若今時衛士填街蹕也宮中廟中則執燭宮正主爲王於宮中廟中執燭玄謂事祭事也邦之祭社稷七祀於宮中祭先公先王於廟中隸僕掌蹕止行者宮正則執燭以爲明春秋傳曰有大事於大廟又曰有事於武宮○蹕音畢徐又音痺讀戚如字徐音豆填音田街音佳

疏凡邦至執燭○釋曰凡邦之事謂祭祀之事王當出入來往時隸僕與王蹕止行人於宮中及廟中也王出向二處當侵晨而行爾時則宮正爲王執燭爲明也○注鄭司至武宮○釋曰先鄭讀火絕之則火字向上爲句也其禁自與凡邦之事蹕共爲一句宮正既不掌蹕事若如先鄭所讀則似宮正爲王蹕非也云宮中廟中則執燭者若不以邦之事與此宮中爲一事則宮中廟中何爲事而遣宮正執燭乎亦非也又云若今時衛士填街蹕也者漢儀大駕行幸使衛士填塞街巷以止行人備非常也玄謂事祭事也者謂在宮中廟中二處皆有祭事也云邦之祭社稷七祀於宮中者小宗伯云左宗廟右社稷在宮中中門之外也依祭法王爲羣姓立七祀曰司命曰中

霤曰國行曰國門曰泰厲曰戸曰竈祭司門云凡歲時之門受其餘則此七祀等是爲羣姓所立者不在宮中也祭法又云王自爲立七祀者此則禱祀在宮中者也云春秋傳曰有大事于大廟者左氏文二年秋八月丁卯大事于大廟是也云又曰有事于武宮者昭十五年春二月癸酉有事于武宮鄭引此者欲見隸僕蹕于宮中亦得兼廟中故公羊云魯公稱世室羣公稱宮則天子之廟亦有宮稱也

大喪則授廬舍辨其親疏貴賤之居　廬倚廬也舍堊室也親者貴者居倚廬疏者賤者居堊室雜記曰大夫居廬士居堊室○倚於綺反

疏　大喪至之居○釋曰大喪謂王喪臣子皆爲之斬衰則同廬舍所居則異也云授廬舍者揔諸臣而辨其親疏貴賤之居異也○注廬倚至堊室○釋曰廬倚廬也者謂於路門之外東壁倚木爲廬云舍堊室也者舍對廬故爲堊室堊室者兩下爲之與廬異故名堊室也云親者貴者居倚廬者親謂大功以上貴謂大夫以上者居倚廬云疏者賤者居堊室者疏謂小功緦麻賤謂士二者居堊室知義如此者以其經云辨其親疏貴賤明當如此解之也又引雜記者彼是諸侯之臣其大夫居廬士居堊室彼注士居堊室亦謂邑宰也朝廷之士亦居廬引之者證貴者居廬賤者居室

至室一邊之義耳其實爲諸侯禮不辨親疏貴賤而别其遠近並爲天子之臣也

宮伯掌王宮之士庶子凡在版者鄭司農云庶子宿衛之官版名籍也以版爲之今時鄉戶籍謂之戶版玄謂王宮之士謂王宮中諸吏之適子也庶子其支庶也○適音丁歷反

疏宮伯至版者○釋曰宮伯掌王宮中卿大夫之適子庶子士之適子也凡在版者子弟皆有名籍以擬校比也○注鄭司至庶也○釋曰鄭司農云庶子宿衛之官謂若夏官諸子職後鄭不從者彼諸子是下大夫此宮伯中士不合掌之故不從也玄謂王宮之士謂宮中諸吏之適子也者吏謂卿大夫士之揔號云庶子其支庶也者以其宮正掌宮中官府宮伯掌其子弟故也案大司馬云王弔勞士庶子文與此同鄭彼注云弔其死者勞其傷者庶子卿大夫之子從軍者彼士爲卿大夫士庶子爲卿大夫之子則兼適庶與此不同者彼更無弔勞卿大夫士身故上爲卿大夫庶子中兼適庶是鄭望文以爲義故注與此不同也

掌其政令行其秩敘作其徒役之事秩祿稟也敘才等也作徒役之事大子所用

疏掌其至之事○釋曰宮伯既掌士庶子所

以有政令盡掌之也行其秩敘者秩謂依班秩受禄敘者才藝高下爲次第以作其徒役者士庶子屬大子隨其所居使役之也**授八次八舍之職事**衛王宮者必居四角四中於徼候便也鄭司農云庶子衛王宮在内爲次在外爲舍玄謂次其宿衛所在舍其休沐之處○徼古弔反便婢面反（疏）注衛王至之處○釋曰言衛王宮者必居四角四中者以其言八似若八方爲四方四維然以四角四中解之必於八所以爲次舍者相徼察來往候望皆便故次舍皆八也司農云庶子衛王宮在内爲次在外爲舍者庶子義上已破訖先鄭意内次外舍有所隔絶故后鄭不從也玄謂次其宿衛所在者謂宿衛之處稍在前爲之館也舍者若掌舍之舍亦舍息休止之處故鄭爲休沐之處也**若邦有大事作宮衆則令之**謂王宮之士庶子於邦有大事或選當行（疏）若邦至令之○釋曰事亦謂寇戎之事作起也謂起宮中之衆使士庶子行則宮伯戒令之

月終則均秩歲終則均敘以時頒其衣裘掌其誅賞頒讀爲班班布也衣裘若今賦冬夏衣○頒音班（疏）月終至誅賞○釋曰月終則均其秩

秩祿稟則與宮正均稍食亦一也歲終則均敘與宮正則異彼宮中官府故會其行事此其子弟故均其敘敘即上注才等也以時頒其衣裘夏時班衣冬時班裘掌其誅賞者士庶子有功則賞之有罪即誅之也○注若今賦冬夏衣○釋曰賦班也班之與賦皆賜授之義

附釋音周禮注疏卷第三

[illegible]盧氏宣旬校定

清嘉慶二十年重栞
用文選樓藏本校定

知南昌府張敦仁署鄱陽縣候補知州周澍栞

周禮注疏卷三挍勘記　阮元撰盧宣旬摘錄

小宰

宮皆當爲官 嘉靖本閩本同監本毛本作當皆爲官誤倒惠棟云以宮刑憲禁于王宮而令于百官府且曰國有大刑則宮刑當作官刑明矣案經首云掌建邦之宮刑以治王宮之政令末云以宮刑憲禁于王宮宮正宮伯等職皆言王宮經無有言王官者則宮刑之非官刑審矣

若今御史中丞 惠士奇云劉昭注續漢志引小宰職于寶注若御史中丞是于注非鄭注也案此當是干用鄭注賈疏本有之

已云四曰官刑 閩監毛本誤宮刑

應劭云 惠挍本同與漢制考合閩監毛本劭改邵○按應劭古書多作劭以說文邵高也定之名邵故字仲遠作邵則大誤

九貢中兼之矣監毛本同此本矣誤人閩本誤又今訂正

謂宮正至夏宷閩本同監毛本宷誤宷

此並共王食是同事案同爲大之誤

天官甚衆浦鏜云天當六字誤

周公攝政三年滅奄惠挍本作踐奄此誤○按十行本是踐字不誤

然則服亦平也此本則誤賊今據監毛本訂正閩本然則誤糾賊

以官府之六聯合邦治唐石經嘉靖本閩本皆作聯宋本作聯監毛本作聯並非○按依說文从耳从絲省

六曰斂弛之聯事余本閩監毛本同唐石經宋本嘉靖本弛作弛石經考文提要云宋本九經宋纂圖互注本宋附釋音本皆作斂弛案釋文斂弛劉本作施音弛杜作施然則經文本作斂施有杜子春劉昌宗本可據劉音

弛從注讀而淺人遂據以改經耳小司徒遂人遂師遂大夫士均施舍字凡五見注皆云施讀爲弛可證漢讀考云蓋杜易施爲弛而鄭發明其義今本恐是依注改經作弛復依經改注作弛讀爲施耳

屬其六紖 余本閩監毛本同嘉靖本紖作引釋文六紖徐引鄭司農云六引謂引喪車索也六鄉主六引六遂主六紼葢彼經作引此注作紖有劉音可據說文紖牛系也嘉靖本依經作引與陸云或本合

杜子春弛讀爲施 余本宋本嘉靖本同閩監毛本弛作施非

皆舍不以力役之事 宋本舍作捨

杜子春引讀爲施者 浦鏜云弛誤引

不必連 案下當脫斂

簡稽士卒兵器薄書 諸本薄作簿

簡猶閱也 釋文出簡閱二字則陸本無猶字

皆官師擁鐸拱稽 浦鏜云國語師作帥擁作擁案浦據俗本國語如此耳明道本作行頭皆官師擁鐸拱稽與此合

責謂貸予 諸本同釋文出貸予二字皆誤也疏引注云責謂貸子者謂貸而生子者若今舉責卽地官泉府職云凡民之貸者以國服爲之息是也又釋經云稱責謂舉責生子則子爲子字之誤無疑當訂正

傅傅著約束於文書 此本疏中引注作傅傅著約於文書後剜擠束字蓋注本無束字

傅別謂爲大手書於一札中字別之 案大手書疑當作下手書司市注云質劑謂兩書一札而別之也若今下手書言保物要還矣疏云漢時下手書卽今畫指券大字蓋誤○按謂爲大手向絶卽今俗語所謂手摹腳印也傅別是一札而剖之分執質劑是兩札各執其一不必援司市注以改此

詔聽時以禮命之其人策書之本 浦鏜云上之字疑在其人下

此謂於官直貸不出子者閩監毛本子改孑蓋因取孑字致誤也

皆是利稅之事也閩本同監毛本作科稅

引之以證征是口稅之法此本及閩毛本皆作日稅今从監本訂正

凡賒者祭祀無過旬日監本賒改賖俗字下同

簿書之要目曰契案要當從注作最○按最古作冣此以要釋冣耳毛本作最日曰契是也

辨辨然不疑惑也疏云辨辨然於事分明無有疑惑之事惠棟云辨然不不讀爲否漢官儀解博士云士者辨於然否是也疏讀非案釋文亦無音○按古人不字多讀平聲者今人但於詩句用之

令百官府共其財用治其施舍唐石經諸本同毛本官府誤倒案上注聽平治也釋文治如字下文治其弛舍同凡經云施舍注皆讀施爲弛此注不言讀爲蓋經本作弛字或經作施舍注云弛舍陸氏本注讀也

書亦爲七事　漢讀考謂當作書亦或爲七事

云施舍不給役　閩本同監毛本下增者

贊王幣爵之事　唐石經嘉靖本閩監毛本同宋本余本王作玉惟越注疏及建大字本作王大宰贊王幣爵上文有贊王牲事則玉幣爵不得再言王小宰職畢不獲贊牲事且此上文未有王字故言王幣爵注所謂從大宰助王其義甚明案疏云大宰職祀五帝贊玉幣爵今此又云祭祀贊此三者謂小宰執以授大宰大宰執以授王故云又從大宰助王也是賈疏本作玉字注云從大宰助王當從疏義岳說非段玉裁漢讀考言之備矣

而下引云祼將　浦鏜云別誤引

大賓客則攝而載祼　浦鏜云經作果注果讀爲祼案鄭既於彼注改讀故於此引經竟從其所讀三禮注皆如是

使齎蔵盡文書來至 監本齎作齎非釋文亦誤齎葉鈔本作齎○按依說文則監本不誤

而觀治象之灋徇以木鐸曰不用灋者 監毛本灋改法徇作狥非疏中同

此文乃檀弓并明堂位 蒲鏜改乃爲及非

各修乃職 唐石經嘉靖本修作脩諸本皆作修非當訂正○按經典多用脩罕用修者

宰夫之職 閩監毛本誤連上文不跳行

王族故士虎士 虎士舊誤處功今據經訂正

宰夫主諸臣萬民之復逆 宋本萬作万

在下受而受而行之 （補）案受而二字誤重

然者一日萬機 惠挍本然下有王此脫

如今侍曹伍伯 余本嘉靖本閩監毛本同宋本伍作五此本疏中引注及漢制考皆作五百案疏云

漢時五人爲伍伯長也是五人之長然則訓伍爲五訓伯爲長不得竟作五也一作五非

云如今侍曹五伯傳吏朝也者　閩監毛本作伍伯此作五非

其徒止爲在朝趨走　監本止誤上

賔賜之飱牽　釋文唐石經飱作飧從夕釋文云一本作賔賜掌其飧牽○案此本注内及疏文並作飱

俱亡滅者多　浦鏜云俱當但字誤

木不成斵　惠挍本同閩監毛本作斲非

何休云云爾者　浦鏜云當衍一云

彼皆據喪　案據下當脫王

歳終自周季冬　浦鏜云是誤自案此字當衍

則令羣吏羣吏則六十官　此本補刻下羣吏誤羣臣今據閩監毛本訂正

宮正

若今部署諸廬者 疏引注作若今時部署諸廬者案時字當有注中屢言若今時

夕擊柝而比之 唐石經柝作柝此本作拆訛今訂正

故謂禍災 諸本災作災此蓋俗省疏中災災錯出此本補刻多不足據

則師國子而致於大子 閩監毛本同誤也宋本余本嘉靖本師作帥當訂正又此本及閩監毛本疏中皆作帥不誤

亦如比夕擊柝已上之事 惠挍本比作上此誤

引之言欲見國有故中 惠挍本言作者此誤

禁止不能出 閩監毛本同誤也宋本余本嘉靖本能作得當訂正

不得入宮司馬殿門也 諸本同案殿字疑衍顏師古注漢書元帝紀云司馬門者宮之外門

也衛尉有八屯衛候司馬主衛士徼巡宿衛每面各二司馬故謂宮之外門爲司馬門此因賈疏云司馬門者漢宮殿門遂衍殿字矣○按疏明言云司馬殿門者是有殿字可知漢官儀云公車司馬掌殿司馬門司馬殿門郎殿司馬門也

元謂幾荷其衣服持操　宋本余本嘉靖本同監毛本荷作呵非閩本呵字剜改蓋本作荷其鈔釋文漢制考皆作荷六經正誤云呵亦作荷呼何反又音何漢書責問作呵芙渠作荷惠棟云漢書守荷禮不作呵萬卷堂本是

皆得出入也　惠挍本皆作乃此誤

元謂幾荷其衣服持操　閩監毛本荷改呵此本下仍作呵非

殿門云幾出入不物者　浦鏜云司誤殿

稍則稍稍與之　惠挍本句首有言

則下士食九人 惠挍本作食則下士九人非也

與其奇衺之民 釋文衺亦作邪案經作衺注作邪見地官司救音義

怠解慢也 宋本余本嘉靖本閩本同監毛本解改懈而疏中仍作解

禁凡邦之事蹕 嘉靖本邦作國惠挍本亦作國云萬卷堂本仍作邦

宮正主爲王於宮中廟中執燭 嘉靖本執燭上有則

何爲事而遣宮正執燭乎 盧文弨曰何爲疑當作爲何

宮伯

謂王宮中諸吏之適子也 疏引注無王此衍

故上爲卿大夫 惠挍本上作士此誤

秩祿稟也 宋本稟作廩誤稟筆錦反賜也

周禮注疏卷三挍勘記終　南昌袁泰開挍

附釋音周禮注疏卷第四

[illegible]盧氏宣旬校刊

鄭氏注　賈公彦疏

膳夫掌王之食飲膳羞以養王及后世子食飯也飲酒漿也膳牲肉也羞有滋味者凡養之具大略有四○食音嗣注及下食用公食同飯扶萬反依字作飰疏膳夫至世子○釋曰云膳夫掌王之食飲者此一經以其職首故略舉其目下別敘之云以養王及后世子者舉尊者而言其實羣臣及三夫人已下亦養之○注食飯至有四○釋曰云食飯也者即下文云食用六穀是也云飲酒漿也者即下文飲用六清是也下文不言酒文略也云膳牲肉也者即下文云膳用六牲是也云羞有滋味者即下文云羞用百有二十品是也下文仍有珍用八物醬用百有二十甕不言之者此舉大者珍醬是饋之小者略而不言故鄭云凡養之具大略有四是舉以爲目也凡王之饋食用六穀膳用六牲飲用六清羞用百二十品珍用八物醬用百有

二十罋進物於尊者曰饋此饋之盛者王舉之饌也六牲馬牛羊豕犬雞也羞出於牲及禽獸以備滋味謂之庶羞公食大夫禮內則下大夫十六上大夫二十其物數備焉天子諸侯有其數而物未得盡聞珍謂淳熬淳毋炮豚炮牂擣珍漬熬肝膋也醬謂醯醢也王舉則醢人共醢六十罋以五齏七醢七菹三臡實之醯人共齏菹醯物六十罋鄭司農云羞進也六穀稌黍稷粱麥苽苽彫胡也六清水漿醴涼醫酏○罋徐劉音瓮烏貢反饌仕眷反盡津忍反淳之純反下同熬五刀反毋莫胡反一音武由反炮步交反牂作郎反擣丁老反膋力彫反齏作西反臡劉奴兮反徐耳齊反稌音杜徐他古反苽古吳反涼本又作涼力羊反徐力放反醫於美反徐於計反酏以支反劉書支反

疏注進物至醫酏○釋曰鄭云進物於尊者曰饋者據此文云王之饋及少牢特牲皆云饋食是進物於尊者曰饋鄭注玉府云通行曰饋者彼對獻是進物於尊則饋是通行也云此饋之盛者王舉之饌者下文云王日一舉鼎十有二是王舉之饌也云六牲馬牛羊豕犬雞者此依爾雅釋畜亦是將用之曰牲也云羞出於牲及禽獸者釋經羞用百有二十品此羞庶羞皆出於牲及禽獸案公食大夫下大夫十六豆中從膷臐膮已下皆出於牲不見有出禽獸者上大夫加以雉兔鶉鴽此則

出禽獸也以其有牲及禽獸故云備滋味謂之庶羞也引公食大夫禮及內則二文俱言十六豆是下大夫禮內則云雉兎鶉鴽四豆添前十六則二十是上大夫禮云其物備數焉者此上下大夫禮其物備有焉云天子諸侯有其數者此經云百有二十者是天子有其數掌客云上公食四十侯伯三十二子男二十四是諸侯有其數也又云而物未得盡聞者言未盡聞則少有聞所聞者謂天子諸侯之數皆從上大夫二十豆上加之則二十豆聞之矣內則云牛脩及爵鷃蜩范芝栭已下三十一物鄭注云皆人君燕食所加庶羞也周禮天子羞用百有二十品記者不能次錄亦是有其物未盡聞也云珍謂淳熬已下皆內則文案內則淳熬煎醢加于陸稻上沃之以膏曰淳熬淳毋煎醢加于黍食上沃之以膏曰淳毋毋模也炮取豚若牂刲之刳之實棗於其腹中編萑以塗之塗之以墐塗炮之塗皆乾擘之濯手以摩之去其皽爲稻粉糔溲之以爲酏以付豚煎諸膏膏必滅之鉅鑊湯以小鼎薌脯於其中使其湯毋滅鼎三日三夜毋絕火而後調之以醯醢擣珍取牛羊麋鹿麕之肉必脄每物與牛若一捶反側之去其餌孰出之去其皽柔其肉漬取牛羊肉必新殺者薄切之必絕其理湛諸美酒期朝而食之以醢若醯醷爲熬捶之去其皽編萑布牛肉焉屑桂與薑以洒諸上而鹽之乾而

食之施羊亦如之肝膋取狗肝一幪之以其膋濡炙之舉焦。其膋不蓼也是爲八珍彼有糝與餰彼是羞豆之實非珍故不取云醬謂醯醢也者醬是揔名知醬中兼有醯醢者經云百有二十甕醢人共醢六十甕醯人共醯物六十甕故鄭注醯人兼引之其五齏七醢等就醢人具釋鄭司農云六穀知有稌黍稷粱麥苽者據食醫而知云苽彫胡也者南方見有苽米一名彫胡異方語云六清水漿醴涼醫酏者漿人文也

王日一舉鼎十有二物皆有俎殺牲盛饌曰舉王日一舉以朝食也后與王同庖鼎十有二牢鼎九陪鼎三物謂牢鼎之實亦九俎。朝如字下奉朝同陪徐蒲來反

疏 王日至有俎。釋曰言王日一舉者謂一日一大牢云鼎十有二者案禮記郊特牲鼎俎奇而籩豆耦。者謂正鼎九陪鼎三即是奇數揔而言之即十二云物皆有俎者俎據正鼎而鼎各一俎。注殺牲至九俎。釋曰殺牲盛饌曰舉知非舉樂者以其言鼎十有二膳夫主飯食故知舉是殺牲盛饌云王日一舉以朝食也者一日食有三時同食一舉案玉藻云皮弁以日視朝遂以食日中而餕餕者餕朝之餘則遂以食之謂朝之食明。知先朝食次乃日中而餕云后與王同庖案玉藻云夫人與君同庖鄭注云不特殺明后亦與王同庖可知

云鼎十有二牢鼎九陪鼎三者案聘禮致饔餼注云飪一牢鼎十有二是也牢鼎九在西階前云牛羊豕魚腊腸胃同鼎膚鮮魚鮮腊云陪鼎三者當內兼腳臐膮並陪牛羊豕鼎後是也云物謂牢鼎之實者言實即牛羊豕之類也云亦九俎者陪鼎三腳臐膮者謂庶羞在於豆唯牢鼎之物各在俎故云亦九俎案趙商問王日一舉鼎十有二是爲三牲備焉商案王藻天子日食少牢朔月太牢禮數不同請聞其說鄭荅云禮記後人所集據時而言或以諸侯同天子或以天子與諸侯等禮數不同難以據也王制之法與禮違者多當以經爲正若然此周禮周公太平法玉藻據衰世或是異代故與此不同

以樂侑食膳夫授祭品嘗食王乃食侑猶勸也祭謂刌肺脊也禮飲食必祭示有所先品者每物皆嘗之道尊者也○授祭品干云祭五行六陰之神與民起居刌寸本反劉音忖沈寸没反徐倉典反

【疏】以樂至乃食○釋曰上言王日一舉此云以樂侑食即是王制云天子食日舉以樂案論語微子云亞飯三飯四飯鄭云皆舉食之樂彼諸侯禮尚有舉食之樂明天子日食有舉食之樂可知案大司樂云王大食皆令奏鍾鼓彼大食自是朔食日舉之樂大司樂或不令奏故不言之矣無妨日食自有舉食之樂云膳夫

授祭者謂王將食必祭先膳夫授之云品嘗食者玉藻云火孰者先君子鄭注云備火齊不得也故膳夫品物皆嘗之王乃食也○注侑猶至者也○釋曰殷祭肝周祭肺但祭肺有二種一者名爲舉肺亦名離肺此爲食而有也二者名爲祭肺亦名刌肺此爲祭而有也但舉肺離而不絕祭肺則絕之今此膳夫授祭爲食而授即舉肺也鄭云祭謂刌肺脊也者以經直云祭不言舉又不言離直云祭故鄭云祭謂刌肺也以優至尊故與祭祀同刌肺也若然鄉飲酒鄉射無連言脊今兼言脊者依士虞特牲皆言授肺脊故鄭依之而言云禮飲食必祭示有所先者凡祭皆祭先造食者曲禮云殽之序徧祭之今徒言祭肺者略舉其首者也

卒食以樂徹于造

造作也鄭司農云造謂食之故所居處也已食徹置故處

【疏】卒食至于造○釋曰卒終也天子食終徹器之時作樂以徹之但天子祭祀歌雍以徹徹食器之時樂章未聞也○注造作也至故處○釋曰後鄭云造作也先鄭云徹置故處二鄭義同皆謂造食之處即廚是也案内則云天子之閣左達五右達五彼亦是置食處今此不徹於閣者但閣内別置新饌案文王世子末有原即此亦不重進故徹于造

王齊日三舉

鄭司農云齊必變食

【疏】王齊日三舉○釋曰

齊謂散齊致齊齊必變食故加牲體至三大牢案玉藻云朔食加日食一等則於此朔食當兩大牢不言之者文不具齊時不樂故不言以樂侑食也齊必變食論語文

大喪則不舉大荒則不舉大札則不舉天地有烖則不舉邦有大故則不舉

大荒凶年大札疫癘也天烖日月晦食地烖崩動也大故寇戎之事鄭司農云大故刑殺也春秋傳曰司寇行戮君爲之不舉○札側八反徐音截杜注左傳大死曰札烖音災疫音役癘音厲爲于僞反

疏 大喪至不舉○釋曰臣子一皆爲王喪啜粥故大喪不舉也大荒則不舉已下皆爲自貶損○注大荒至不舉○釋曰言大荒凶年者則曲禮云歲凶年穀不登君膳不祭肺是也云大札疫癘也者即春秋天昏札瘥民有疫癘爲之不舉自貶也云天烖日月晦食者月食在望月食在晦朔今摠云日月晦食者案春秋唯書日食故以是不言月之望食日食由月故連言月也云地烖崩動也者左氏書地震及梁山崩是也云大故寇戎之事者據此經唯言大喪大荒大札天地有灾故知大故是寇戎先鄭云大故刑殺引之在下者欲見大故中含有刑殺之事春秋傳曰司寇行刑者案莊公二十年王子頹享五

大夫樂及徧舞又云王子頽歌舞不倦是樂禍也夫司寇行戮君爲之不舉不舉者謂不舉樂此經數事不舉司農意亦謂不舉樂故引以爲證但此膳夫云不舉在食科之中不舉即是不殺牲引司農義在下者不舉之中含有不舉樂

王燕食則奉膳贊祭燕食謂日中與夕食奉膳奉朝之餘膳所祭者牢肉

疏王燕至贊祭○釋曰案上王日一舉鄭云謂朝食則此云燕食者謂日中與夕相接爲三時云奉膳者奉朝之餘膳云贊祭者助王祭牢肉○注燕食至牢肉○釋曰案玉藻天子與諸侯相互爲三時食故燕食以爲日中與夕云奉膳奉朝之餘膳者則一牢分爲三時故奉朝之餘餕也云所祭者牢肉者案玉藻諸侯云夕深衣祭牢肉鄭注云天子言日中諸侯言夕天子言餕諸侯言祭牢肉互相挾則天子諸侯朝皆祭肺日中與夕皆祭牢肉故言所祭者牢肉也

凡王祭祀賓客食則徹王之胙俎膳夫親徹胙俎胙俎最尊也其餘則其屬徹之賓客食而王有胙俎王與賓客禮食主人飲食之俎皆爲胙俎見於此矣○見賢遍反下文及注同

疏凡王至胙俎○釋曰云凡王祭祀謂祭宗廟有胙俎者謂若特牲少牢主人受尸酢戶東西面設主人俎於席前王受尸酢禮亦當

然賓客食謂王與賓客禮食於廟賓在戸牖之間王在阼階上各有饌皆設俎故亦有胙俎此二者皆名胙俎膳夫徹之故云則徹王胙俎也○注膳夫至此矣○釋曰云膳夫親徹胙俎胙俎最尊也者以其胙者酢也王與尸賓相荅酢故遣膳夫親徹云其餘則其屬徹之者以其經膳夫徹王之胙俎明非王胙俎則其屬徹之可知膳夫是上士則其屬中士已下是也云賓客食而王有胙俎王與賓客禮食者以其賓客與祭祀同科故知是禮食非是凡平燕食案公食大夫主君與聘大夫禮食賓前有食君前無食退俟於廟今此天子與諸侯禮食王前有食俎者天子於諸侯其禮異於諸侯與聘大夫故王前有俎云主人飲食之俎皆爲胙俎見於此矣者案特牲少牢主人之俎雖爲胙俎直是祭祀不兼賓客此則祭祀賓客俱有故云主人飲食之俎皆爲胙俎見於此飲據祭祀食據賓客故雙言之也

凡王之稍事設薦脯醢鄭司農云稍事爲非日中大舉時而間食謂之稍事膳夫主設薦脯醢玄謂稍事有小事而飲酒○間劉古莧反戚如字疏凡王至脯醢○釋曰案下經燕飲酒謂大事與臣飲酒則此云王之稍事是王小事而飲酒故空設薦脯醢若大飲與食則有牲體○註鄭司農至飲酒○釋曰先鄭云稍事謂非日中大舉時而

間食謂之稍事膳夫主設薦脯醢者先鄭意日起日中食牲牢日中後空食脯醢後鄭不從者玉藻諸侯猶云夕深衣祭牢肉則天子夕食牢肉可知又脯醢者是飲酒肴羞非是食饌若大夫巳下燕食有脯無脅設脯無嫌若王之日食不得空薦脯醢故以爲小事飲酒

王燕飲酒則爲獻主鄭司農云主人當獻賓則膳夫代王爲主君不敵臣也燕義曰使宰夫爲獻主臣莫敢與君亢禮

疏王燕至獻主○釋曰謂王與臣以禮燕飲則膳夫爲獻主案儀禮使宰夫爲主人此天子使膳夫爲獻主皆是飲食之官代君酧臣○注鄭司至亢禮○釋曰言當獻賓則膳夫代王爲主此約燕禮而知案燕禮主人酧酒獻賓賓酢主人主人酧酒獻君君酢主人主人酬賓以後爲賓舉旅又引燕義臣莫敢與君亢禮者飲酒之禮使大夫爲賓道宰夫爲主人獻酢相亢荅若君爲主人則是臣與君相亢故云臣莫敢亢禮

掌后及世子之膳羞亦主其饌之數不饋之耳

疏掌后至膳羞○釋曰上云王日一舉注后與王同庖不言世子則世子與王別牲亦膳夫所掌故云掌后及世子之膳羞○注亦主至之耳○釋曰案上文凡王之饋食用六穀已下言饋則膳夫親饋之故云品嘗食按內饔共后及世子之膳羞則

是后世子內饔饋之故鄭云亦主其饌之數不饋之耳**凡肉脩之頒賜皆掌之**鄭司農云脩脯也 疏 凡肉至掌之○釋曰謂王以肉及脩脯頒賜羣臣則膳夫皆掌之○注鄭司至脯也○釋曰言脩脯也者謂加薑桂鍛治者謂之脩不加薑桂以鹽乾之者謂之脯則脩脯異矣先鄭云脩脯者散文言之脩脯通也**凡祭祀之致福者受而膳之**致福謂諸臣祭祀進其餘肉歸胙于王鄭司農云膳夫受之以給王膳 疏 凡祭至膳之○釋曰云凡祭祀者言凡則諸臣自祭家廟祭訖致胙肉於王謂之致福膳夫受之以爲王膳故云受而膳之○注致福至王膳○釋曰云致福者謂諸臣祭祀進其餘肉歸胙于王者案禮記少儀云膳于君子曰膳案玉藻膳於君葷桃茢彼謂諸侯之臣禮此王之臣亦應云致膳而云致福者凡祭祀主人受福若與王受福然故云致福知諸臣有致胙法者案春秋左氏昭十六年子產云祭有受脤脤歸脤彼注云受脤謂君祭以肉賜大夫歸脤謂大夫祭歸肉於公也今彼雖據諸侯禮王之臣致胙亦然故云歸胙於王也**以摯見者亦如之**鄭司農云以羔鴈雉爲摯見者亦受以給王膳 疏 以摯至如之釋曰謂卿大

夫以下新任爲臣者卿執羔大夫執鴈士執雉來見王故云以摯見者言亦如之者先鄭云亦受以給王膳也

歲終則會唯王及后世子之膳不會不會計多少優尊者其頒賜諸臣則計之

疏歲終至不會○釋曰此膳夫所掌膳羞是其正故世子亦不會至下庖人王及后不會則世子會之彼禽獻是其加故會之○注不會至計之○釋曰依宰夫職會是歲計故云不會計多少云優尊者謂若計則似限尊者有多少若不計則任所用故云不會是優尊者也云其須賜諸臣則計之者經云王及后世子不會則上經肉脩之頒賜諸臣則計之可知

庖人掌共六畜六獸六禽辨其名物六畜六牲也始養之曰畜將用之曰牲春秋傳曰卜日曰牲鄭司農云六獸麋鹿熊麕野豕兎六禽鴈鶉鷃雉鳩鴿玄謂獸人冬獻狼夏獻麋又內則無熊則六獸當有狼而熊不屬六禽於禽獻及六摯宜爲羔豚犢麛雉鴈凡鳥獸未孕曰禽司馬職曰大獸公之小禽私之○畜許又反注同六獸司農云麋鹿熊麕野豕兎鄭云有狼無熊于注麕作麞熊作貆六禽鄭云羔豚犢麛雉

鴈也司農及于鴈鶩雉鳩鴿鷃麛本又作麑亦作麏君倫反麞也鶩音純鷃於諫反鴿古合反麛音迷鹿子孕以證反一音乘

（疏）庖人至名物○釋曰云掌共六畜者馬牛羊豕犬雞謂夏官校人地官牛人春官雞人秋官犬人冬官豕人揔送六畜與此庖人六獸六禽即下獸人送之此庖人得此六畜六獸六禽共與膳夫內外饔故云掌共六畜六獸六禽此禽獸等皆有名號物色故云辨其名物○注六畜至私之○釋曰云六畜六牲也者謂雖此云六畜即是膳夫六牲一也所以彼言牲此言畜者鄭即解其不同之意始養之曰畜將用之曰牲膳夫共王之膳羞即是將用之故言牲云春秋傳曰者此是左氏僖公三十一年傳辭彼經云四卜郊不從乃免牲未卜日曰牛卜得吉日乃號爲牲僖公既卜得吉日名牛作牲乃更卜可郊以否不從乃免牲是其怠慢引之者證將用曰牲鄭司農云六獸麋鹿熊麕野豕兔六禽鴈鶉鷃雉鳩鴿者此先鄭意取爾雅文四足而毛謂之獸兩足而羽謂之禽故爲此解玄謂獸人冬獻狼又內則爲餚食有狼臅膏故云當有狼而熊不屬此破司農有熊無狼云六禽於禽獻及六摯宜爲羔豚犢麛雉鴈者下文禽獻之內取羔豚犢麛大宗伯六摯之內亦取羔及雉鴈破司農六畜之內有鶉鷃鳩鴿四者於經無所據司農雉鴈即六摯雉鴈同故從

之不破云凡鳥獸未孕曰禽鄭言此者見爾雅四足而毛曰獸兩足而羽曰禽是對文例若散文則通其獸未孕時雖曰四足亦曰禽是以名爲禽獻其中亦有羔豚犢麛又云以禽作六摯禽中亦有羔是其未孕者也謂若爾雅飛曰雄雌走曰牝牡亦是對文案詩云雄狐綏綏走亦曰雄尚書云牝雞無晨飛亦曰牝並是散文通義云司馬職曰大獸公之小禽私之者欲見雖曰四足而毛未孕亦曰禽此並破司農禽中不得有四足之義

凡其死生鱻薨之物以共王之膳與其薦羞之物及后世子之膳羞凡計數之薦亦進也備品物曰薦致滋味乃爲羞王言薦者味以不褻爲尊鄭司農云鮮謂生肉薨謂乾肉○鱻悉然反薨苦老反數色柱反下校數同褻息列反

疏凡其至之義○釋曰云凡其死生鱻薨之物者此四者或死或生新殺爲鱻乾者爲薨並獸人以與膳夫內外饔以共王之膳云與其薦羞之物者薦進也謂羞之所進即備品物曰薦亦進于王耳及后世子之膳羞者此共后世子之羞故不言薦而言膳是致滋味者也○注凡計至乾肉釋曰云凡計數之者上經云治要治凡並是計筭之稱此凡亦是計數之名死生鱻薨須知其數故言凡摠計之云備品

物曰薦者以經羞言薦對后世子羞言膳故云備品物曰薦致滋味乃爲羞以其不言薦即是致滋味之羞若然備品物者謂王舉則共醢六十甕以五齏七醢七菹三臡實之醢人共齏菹醢六十甕是其備品物及三牲之俎皆是也致滋味乃爲羞羞百有二十品者故鄭云羞出於牲及禽獸以備滋味謂之庶羞故公食云宰夫自東房薦豆六又云上羞庶羞云士言薦者味以不褻爲尊者對后世子不言薦是其褻味者也

共祭祀之好羞 謂四時所爲膳食若荆州之鱃魚青州之蟹胥雖非常物進之孝也○好呼報反鱃側雅反蟹戶買反胥息徐反劉音秦字林先於反蟹醬也

疏 共祭祀之好羞○釋曰尋常所共者並在內外饔今言好羞則是非常之物謂美魚之屬也○注謂四時至孝也○釋曰云四時所爲膳食者謂四時之間非常美食云若荆州之鱃魚青州之蟹胥者鄭見當時有之又見禮記禮器云大饗其王事與三牲魚腊四海九州之美味苟可薦者莫不咸在且禹貢徐州貢蠙珠暨魚荆州無魚文是文不備是知好羞皆是魚也

共喪紀之庶羞賓客之禽獻 喪紀喪事之祭謂虞祔也禽獻獻禽於賓客獻古文爲獸杜子春云當爲獻

疏 共喪至禽獻○釋曰凡喪未葬已前無問朝夕奠及

大奠皆無薦羞之法今言共喪紀庶羞者謂虞祔之祭乃有之云賓客之禽獻者謂若掌客上公乘禽日九十雙侯伯七十雙子男五十雙之類是也○注喪紀至爲獻○釋曰云喪紀喪事之祭謂虞祔也者天子九虞後作卒哭祭虞卒哭在寢明日祔於祖廟今直云虞祔不言卒哭者舉前後虞祔則卒哭在其中共庶羞可知云獻古文爲獸杜子春云當爲獻者但賓客之禽由主人獻之若直言賓客禽獸於義無取也

凡令禽獻以灋授之其出入亦如之

令令獸人也禽獸不可久處賓客至將獻之庖人乃令獸人取之必書所當獻之數與之及其來致禽亦以此書校數之至于獻賓客又以此書付使者展而行之掌客乘禽於諸侯各如其命之數聘禮乘禽於客日如其饔餼之數士中日則二雙○令力呈反使所吏反乘繩證反下同

疏 釋曰凡朝聘凡令至如之賓客至並致館與之賓客既在館此庖人乃書所共禽獻之數令於獸人以數授之故云凡令禽獻以法授之也云其出入亦如之者既以數授獸人依數以禽入庖人是入也庖人得此禽還依數付使者送向館是出也亦如之者亦依法授之故云其出入亦如之若然入先出後不言入出而言出入者便文也○注令令至二雙○釋曰知令獸人者案獸人云

凡祭祀喪紀賓客共其死獸生獸故知令獸人云禽獸不可久處以下至與之以上解經令禽。以法授之云及其來致禽亦以此書校數之解經入亦如之云至于獻賓客又以此。付使者展而行之解經出亦如之言展而行之者展猶省視也行去也謂將向客館之時省視禽牲然後去云掌客乘禽於諸侯各如其命之數者謂上公九命日九十雙之等又引聘禮乘禽於客日如其饔餼之數者言此臣禮不依命數公侯伯之卿三命子男之卿再命皆以爵卿也饔餼五牢日五雙故言日如其饔餼之數云士中日則二雙者謂作介時士爵一日則一雙禽獻不以命數中間也故言間日則二雙言此者釋經以法授之法則數也

凡用禽獻春行羔豚膳膏香夏行腒鱐膳膏臊。秋行犢麛膳膏腥冬行鱻羽膳膏羶用禽獻謂煎和之以獻王鄭司農云膏香牛脂也以牛脂和之腒乾雉鱐乾魚膏臊豕膏也以豕膏和之杜子春云膏臊犬膏膏腥豕膏也鮮魚也羽鴈也膏羶羊脂也玄謂膏腥雞膏也羔豚物生而肥犢與麛物成而充腒鱐暵熱而乾魚鴈水涸而性定此八物者得四時之氣尤盛爲人食之弗勝是以用休廢之脂膏煎和膳之牛屬司徒土也

雞屬宗伯木也犬屬司寇金也羊屬司馬火也○膏香禮記作薌音同腒其居反鱐所留反臊素刀反杜云犬膏也司農及干云豕膏也腥音星杜云豕膏鄭干云雞膏也或作雉膏鱻羽鄭云鮮魚也羽鴈也杜云鮮羽鴈也羶書然反羊脂也和胡卧反下文同暵呼旱反劉呼旦反涸胡洛反徐戶格反爲于僞反

疏 凡用至膏羶○釋曰言凡用禽獻者四者不同故言凡也煎和謂之用故言凡用禽獻也云春行羔豚膳膏香者言行者義與用同春用羔豚者草物始生羔豚食而肥膳膏香者謂牛膏春木王火相土死羔豚爲其太盛牛屬中央土故以死之脂膏殺其氣夏行腒鱐膳膏臊者腒謂乾雉鱐謂乾魚膏臊犬膏腒鱐夏之暵熱而乾故食之爲其太盛夏時金死犬屬西方金故用死之脂膏煎和之云秋行犢麛膳膏腥者秋時草物有實犢麛食之而肥故秋用犢麛膏腥謂雞膏雞屬東方木時木死故用死之脂膏煎和之云冬行鱻羽膳膏羶者鮮謂魚羽謂鴈冬魚之性定鴈又新來故用食之膏羶謂羊膏羊屬南方火冬時火死魚鴈食之太盛故用死之脂膏煎和之五行不言北方豕之脂膏者以其中央土王分於四時土賊水但無中央食法故不言豕之脂膏也○注用禽至火也○釋曰云用禽獻謂煎之以獻王者殺牲謂之用煎和謂之膳用膳相將之言故以煎和解

用上言賓客之禽獻此用禽以王爲主故言獻王鄭司農云膏香牛脂也者案內則鄭注釋者曰膏凝者曰脂彼是相對之義通而言之脂膏一也故司農以脂解膏云脂乾雉者遵人士相見云冬用雉夏用腒故知腒乾雉也云鱐乾魚者職云魚鱐此鱐腒同是夏用之腒既是乾雉明鱐是乾魚云膏臊豕膏也者經云夏行腒鱐膳膏臊此經四時所膳者皆取所賊死之脂膏火賊金卽膏臊犬膏也不得云北方豕膏又杜子春云膏臊犬膏者於義是也云膏腥豕膏也者於義非也以其秋行犢麛秋時金王金剋木雞屬東方木則膏腥雞膏也不得爲豕膏云鮮魚也羽鴈也者尚書益稷云與稷決川而鮮食鮮出於川故知鮮魚也又此鮮對羽故知鮮是魚知羽是鴈者以其禽摯中有羔雉鴈此禽獻中已有羔雉明亦有鴈故以羽爲鴈也玄謂膏腥雞膏也者破子春豕膏云魚鴈水涸而性定者依周語云天根見而水涸鄭注月令云天根見九月末是水涸在九月末十月初云是以用休廢之脂膏者五行王相剋春木王火相土死金囚水爲休廢夏火王土相金死水囚木爲休廢已下推之可知王所勝者死相所勝者囚新謝者爲休廢若然向來所膳膏者皆是死之脂膏鄭云休廢者相對死與休廢別散則死亦爲休廢故鄭以休廢言之也云牛屬司徒土也者鄭於司徒注云牛能

任載地之類故屬土云雞屬宗伯木也者雞爲貌雞又知時象春故屬木云犬屬司寇金也者金爲言犬亦言屬金云羊屬司馬火也者火爲視羊亦視故屬火

歲終則會唯王及后之膳禽不會

膳禽四時所膳禽獻加世子可以會之

疏注膳禽至會之○釋曰上膳夫職所掌者是其正此禽獻者是其加世子可以會故歲終則唯王及后之膳不會世子則會之矣

內饔掌王及后世子膳羞之割亯煎和之事

辨體名肉物辨百品味之物

割肆解肉也亯煮也煎和齊以五味體名脊脅肩臂臑之屬肉物胾燔之屬百品味庶羞之屬言百舉成數○亯普庚反注及下同肆託歷反齊才細反胾側吏反膰音燔本亦作燔

疏注割肆至成數○釋曰知割肆解肉者謂士虞禮云四肆去蹄此明割是肆解肉云煎和齊以五味者凡言和者皆用酸苦辛鹹甘云體名脊脅肩臂臑之屬者案少牢解羊豕前體肩臂臑後體膊胳又有正脊脡脊橫脊又有短脅正脅代脅是其體十一體云肉物胾燔之屬者案公食大夫禮十六豆有胾胾謂切肉又案少牢主

婦獻尸以燔從傳火曰燔云百品味庶羞之屬案膳夫職庶羞百有二十品今言百故鄭云舉成數**王舉則**取於鑊以實鼎取於鼎以實俎實鼎曰脀實俎曰載**陳其鼎俎以牲體實之**○脀職升反【疏】王舉至實之○釋曰言陳其鼎俎者陳鼎有二處初陳鼎於鑊西後陳鼎於阼階下其俎皆陳於鼎西南云以牲體實之者其牲體入鑊時已解訖今言實者有兩處一者取於鑊實於鼎據在鑊所二者取於鼎實於俎○注取於至曰載○釋曰實鼎曰脀者脀升也案少牢司馬升羊實於一鼎是實鼎曰脀案特牲云卒載加匕於鼎是其實俎曰載案少牢云升羊載右胖升豕其載如羊又有司徹亦云乃升鄭云升牲體於俎若然實鼎唯有升名無載稱若實俎升載兩有**選百羞醬物珍物以俟饋**先進食之時恒選擇其中御者【疏】選百至俟饋○釋曰百羞者則庶羞百二十醬物者即醬用百二十罋珍物者諸八珍之類俟待也內饔恒預選知當王意所欲者以得饋王**共后及世子之膳羞**膳夫掌之是乃共之【疏】共后至膳羞○釋曰后世子直言共不言饋者膳夫饋王不饋后世子此內饔言共是親饋故鄭云膳夫掌之是乃共之

辨腥臊羶香之不可食者：牛夜鳴則庮，羊泠毛而毳羶，犬赤股而躁臊，鳥皫色而沙鳴貍，豕盲眡而交睫腥，馬黑脊而般臂螻。腥臊羶香可食者，是別其不可食者，則所謂者皆臭味也。泠毛，毛長總結也。皫，失色不澤美也。沙，澌也。交睫腥，腥當爲星，聲之誤也，肉有如米者似星。般臂，臂毛有文。鄭司農云：「庮，朽木臭也。螻，螻蛄臭也。」杜子春云：「盲眡當爲望視。」○庮，音由，徐餘柳反，干云病也。泠，音零，徐郎年反。躁，早到反。皫，本又作皫，芳表反，又符表反，又芳老反，徐孚趙反。沙，如字，一音所嫁反，或蘇他反。貍，音鬱。徐於弗反。盲，亡亮反。眡，視二反，又音視。睫，音接，一音將業反。般，音班。臂，如字，徐本作辟，音方紙反。螻，音樓，如螻蛄蟲臭也。干音漏，內病也，此依禮記文。

疏「辨腥」至「臂螻」。釋曰：言「辨腥臊」者，依庖人職注，腥謂雞也，臊謂犬也，羶謂羊也，香謂牛也。以腥臊羶香表見云。別，彼列反。澌，音西。蛄，音姑。牛羊犬雞也。言「不可食者，牛夜鳴則庮」者，其牛無事夜鳴，其肉必庮，庮，惡臭也。云「羊泠毛而毳羶」者，泠毛謂毛長也，而毳謂毛別聚結者，此羊肉必羶也。云「犬赤股而躁臊」者，言赤股者股裏無毛謂之赤股非謂肉赤謂若禮記檀弓流矢在白肉非謂肉白而走又躁疾犬有如此者其肉必臊故云而躁臊云鳥皫色而沙鳴貍者皫失色也沙澌也鳥毛失色而鳴又澌其肉氣必鬱鬱謂腐臭云豕盲眡而交睫腥者豕乃聽物不合望眡此豕眼睫毛交故云豕望眡而交睫豕有如此其肉必如星腥當爲星其肉如米然驗當時有如此者也云馬黑脊而般臂螻者謂馬脊黑前脛般般然其馬如此其肉螻蛄臭此一經皆是不利人故禁之也○注腥臊至望視○釋曰云腥臊羶香可食者即上庖人職所云是也云是別不可食者則此是也則所謂者皆臭味也者言所謂者所謂論語鄉黨色惡不食臭惡不食云交睫腥當爲星聲之誤也者此經腥有二字鄭不破腥臊之腥宜破交睫腥之腥故連取交睫以解云般臂臂毛有文者鄭荅冷剛童牛之梏牛在手曰梏牛無手以前足當之此馬亦然故言般臂鄭司農云庮朽木臭也者驗今朽木其氣實臭故云朽木臭也案內則注引左氏春秋一薰一蕕此司農以其朽木臭即與一薰一蕕同故鄭不引之云螻螻蛄臭也者以內則螻爲漏脫字於義無所取故轉爲螻蛄字螻蛄則有臭杜子春盲視當爲望視者以其盲則無所覩見不得視內則爲遥望之字故子春從內則爲正也 凡宗廟之祭祀掌

割亨之事凡燕飲食亦如之凡掌共羞脩刑膴胖骨鱐以待共膳掌共共當爲具羞庶羞也脩鍛脯也胖如脯而腥者鄭司農云刑膴謂夾脊肉或曰膺肉也骨鱐謂骨有肉者玄謂刑鉶羹也膴牒肉大臠所以祭者骨牲體也鱐乾魚○共羞共依注音具膴火吳反徐凶武反胖普半反鍛丁亂反牒直輒反又之涉反鉶音刑臠力轉反○[疏]凡宗至共膳○釋曰內饔不掌外神故云宗廟之祭祀言凡者謂四時及祫禘并月祭等皆在其中掌其割亨之事上王后言煎和此不言煎和者鬼神尚質不貴褻味故不言煎和云燕飲食亦如之者謂王及后世子自燕飲食皆須割亨故云亦如之○注掌共至乾魚○釋曰云掌共共當爲具者據經共字有二以待共膳不破掌共共字則破之矣故云掌共共當爲具言具者具羞脩刑膴已下云羞庶羞也者庶羞則百二十品是也云脩鍛脯也者謂加薑桂鍛治之若不加薑桂不鍛治者直謂之脯云胖如脯而腥者乾則爲脯不乾而腥則謂之胖鄭司農云刑膴謂夾脊肉者刑膴爲二物有明文先鄭以爲刑膴夾脊肉故後鄭不從云或曰膺肉也者無所出後鄭亦不從云骨鱐謂骨有肉者骨自是牲體鱐自是乾魚先鄭合爲一故後

鄭亦不從玄謂刑鉶羹也者案特牲有鉶羹謂鉶器盛豕膮設於薦南故名鉶羹云膴牒肉大臠所以祭者膴魚肉撫有也公食大夫禮云庶羞皆有大謂大臠據肉而言案有司徹云主人亦一魚加膴祭于其上此據魚而言也膴又詁爲大故云膴牒肉大臠所以祭者也云骨牲體也者謂若體解二十一雖據骨而言皆擬所食故云骨有肉云鱐乾魚者前云夏行腒鱐與彼同故爲乾魚

凡王之好賜肉脩則饔人共之

好賜王所善而賜也。好呼報反注同

〔疏〕凡王至共之。釋曰言好賜者謂羣臣王所愛好則賜之肉脩饔人共之

外饔掌外祭祀之割亨共其脯脩刑膴陳其鼎俎實之牲體魚腊凡賓客之飧饔饗食之事亦如之

飧客始至之禮饔既將幣之禮致禮於客莫盛於饔。食音嗣

〔疏〕外饔至如之。釋曰云掌外祭祀之割亨者謂天地四望山川社稷五祀外神皆掌其割亨云共其脯脩刑膴者如上釋云陳其鼎俎實之牲體魚腊者謂若鼎十有二者也云凡賓客之飧饔饗食之事亦如之者謂所陳之數如宰夫職所云者也皆以外饔

共之故言亦如之○注飧客至於饔○釋曰言飧客始至之禮者宰夫職以釋訖云饔既將幣之禮者案聘禮記云聘日致饔鄭注云急歸大禮鄭云將幣者即是聘享也若諸侯來朝亦朝日致之也云致禮於賓客莫盛於饔者以其饔之中有飪有腥有牽又有酒有米兼薪芻與食其中芻薪米禾又多故朝聘之日致之是以鄭云急歸大禮故云莫盛於饔也○

邦饗耆老孤子則掌其割亨之事饗士庶子亦如之孤子者死王事者之子也士庶子衛王宮者若今時之饗衛士矣王制曰周人養國老於東膠養庶老於虞庠

【疏】邦饗至如之○釋曰云邦饗耆老者謂死事者之父祖兼有國老庶老云孤子者謂死王事者之子云饗士庶子者謂若宮伯注云士謂王宮中諸吏之適子也庶子其支庶也云饗者即鄭云士庶子衛王宮者若今時之饗衛士矣是也○注孤子至虞庠○釋曰死事者之子謂若左氏哀公二十三年晉知伯親禽顏庚至二十七年齊師將興陳成子屬孤子三日朝設乘車兩馬繫五邑焉召顏庚之子而賜之是其禮孤子之法云王制曰周人養國老於東膠養庶老於虞庠者周立太學王宮之東膠膠之言糾也所以糾察王事周立小學於西郊爲有虞氏之庠制故曰虞庠國

老謂卿大夫致仕者庶老謂士之致仕者經直言耆老對孤子則耆老者死事者之父祖可知但此不見饗國老庶老之文故鄭解耆老謂國老庶老

師役則掌共其獻賜脯肉之事獻謂酌其長帥○帥色類反〔疏〕師役至之事○釋曰云師役者謂出師征伐及巡狩田獵掌共其獻者謂獻其將帥幷賜酒肉之事竝掌之○注獻謂至長帥○釋曰以經獻謂獻酒非獻肉故鄭謂酌其長帥長帥軍將已下至五長有功者饗獻之

凡小喪紀陳其鼎俎而實之謂喪事之奠祭〔疏〕凡小喪至而實之○釋曰言小喪紀者謂夫人已下之喪云陳其鼎俎者謂其殷奠及虞祔之祭皆有鼎俎故鄭云喪事之奠祭也

亨人掌共鼎鑊以給水火之齊鑊所以煮肉及魚腊之器既孰乃脀于鼎齊多少之量○齊才細反注同〔疏〕注鑊所至之量○釋曰云鑊所以煮肉及魚腊之器者案少牢爨在廟門外之東大夫五鼎羊豕腸胃魚腊各異鑊鑊別有一鼎鑊中肉孰各升一鼎故鄭云既孰乃脀于鼎云齊多少之量

者此釋經給水火之齊謂實水於鑊及爨之以火皆有多少之齊

職外內饔之爨亨煮辨膳羞之物職主也爨今之竈主於其竈煮物○爨七亂反【疏】職外至之物○釋曰亨人主外內饔爨竈亨煮之事云辨膳羞之物者膳羞則牛鼎之物是也○注職主至煮物○釋曰云爨今之竈者周禮儀禮皆言爨論語王孫賈云寧媚於竈禮記祭法天子七祀之中亦言竈若然自孔子已後皆言竈故鄭云爨今之竈

祭祀共大羹鉶羹賓客亦如之大羹肉湆鄭司農云大羹不致五味也鉶羹加鹽菜矣○羹音庚又音衡下同湆去及反【疏】祭祀至如之○釋曰云祭祀共大羹者大羹肉湆盛於登謂大古之羹不調以鹽菜及五味謂鑊中煮肉汁一名湆故鄭云大羹肉湆云鉶羹者皆是陪鼎膷臐膮牛用藿羊用苦豕用薇調以五味盛之於鉶器即謂之鉶羹若盛之於豆即謂之庶羞即公食大夫十六豆膷臐膮等也云賓客亦如之者謂若致饔餼及飧禮皆有陪鼎則鉶羹也饗食亦應有大羹故云賓客亦如之

甸師掌帥其屬而耕耨王藉以時入之以共

齍盛其屬府史胥徒也耨芸芋也王以孟春躬耕帝藉天子三推三公五推卿諸侯九推庶人終於千畝庶人謂徒三百人藉之言借也王一耕之而使庶人芸芋終之齍盛祭祀所用穀也粢稷也穀者稷稷爲長是以名云在器曰盛○耨乃豆反齍音資芸音云徐音運本或作耘芋音子徐音茲推出誰反又他回反

疏甸師至齍盛釋曰言掌帥其屬者謂除府史有胥三十人徒三百人而耕種耘耨於王之藉田言以時入之者謂麥則夏孰禾黍秋孰則十月穫之送入地官神倉故云以時入之云以共齍盛者六穀曰粢在器曰盛以共祭祀故云以共粢盛○注其屬至曰盛○釋曰云其屬府史胥徒也者敘官知之云耨芸芋也者詩云或芸或芋芸莇芋擁本是也云王以孟春至諸侯九推並是月令文言躬耕帝藉者天子親耕三推是也言帝藉者藉田之穀衆神皆用獨言帝藉者舉尊言之云天子三推者三推而一發云三公五推者五推而三發卿諸侯九推者九推而五發故周語云王耕一發班三之云庶人終於千畝亦周語文天子藉田千畝在南郊自天子三推已下示有恭敬鬼神之法又示帥先天下故暫時耕終之者庶人也鄭解周語庶人者謂此序官徒三百人也云粢稷也者爾雅文云穀者稷爲長是以名云者此釋經及爾雅特以粢爲號知稷爲五穀長者

案月令中央土云食稷與牛五行土爲尊故知稷爲五穀長及爾雅以稷爲粢通而言之六穀皆是粢故小宗伯云辨六粢之名物是也

祭祀共蕭茅　鄭大夫云蕭字或爲莤莤讀爲縮束茅立之祭前沃酒其上酒滲下去若神飲之故謂之縮縮浚也故齊桓公責楚不貢苞茅王祭不共無以縮酒杜子春讀爲蕭蕭香蒿也玄謂詩所云取蕭祭脂郊特牲云蕭合黍稷臭陽達於牆屋故既薦然後焫蕭合馨香合馨香者是蕭之謂也茅以共祭之苴亦以縮酒苴以藉祭縮酒泲酒也醴齊縮酌○莤所六反滲所鳩反浚荀閏反劉思順反焫如悅反苴音租又子餘反藉在夜反泲子禮反齊才細反

【疏】祭祀共蕭茅○釋曰此祭祀共蕭茅者蕭謂香蒿據祭祀宗廟時有之若共茅外內之神俱用故云祭祀共蕭茅也○注鄭司農至縮酌○釋曰鄭大夫云蕭字或爲莤莤讀爲縮鄭大夫必讀爲縮者欲以蕭茅共爲一事解之云云束茅立之祭前者此鄭大夫之意取士虞禮束茅立几東所以藉祭此義蕭茅共爲一則不可若束茅立之祭前義得通又引齊桓公責楚謂左氏傳公四年傳辭彼齊桓使管仲責楚云爾貢包茅不入王祭不共無以縮酒寡人是徵楚伏其罪云敢不共給是也杜子春讀爲蕭於義爲是故後鄭從之云玄謂詩所云取蕭祭脂見用蕭之時有

脂又引郊特牲者欲見非直有脂亦有黍稷云臭陽達於牆屋者謂饋獻之後陰厭之節取蕭與脂及黍稷焫燒之取香氣上聞故云既薦然後焫蕭合馨香云共以共祭之苴者則士虞禮束茅長五寸立於几東謂之苴者是也云亦以縮酒者左氏管仲辭是也云苴以藉祭者亦指士虞禮也云縮酒泲酒也者鄭君解義語云醴齊縮酌者司尊彝職文此官共茅司巫云祭祀共蒩館茅以爲藉兩官共共者謂此甸師共茅與司巫司巫爲苴以共之此據祭宗廟也鄉師又云大祭祀共茅蒩者謂據祭天時亦謂甸師氏送茅與鄉師爲苴以共之若然甸師氏直共茅而已不供苴耳

共野果蓏之薦甸在遠郊之外郊外曰野果桃李之屬蓏瓜瓞之屬○蓏力果反瓞大結反

疏 注甸在至之屬○釋曰鄭言甸在遠郊之外者案載師公邑之田任甸地在二百里中司馬職百里爲遠郊今言甸在遠郊外則是二百里中云郊外曰野者釋經野野在郊外云果桃李之屬蓏瓜瓞之屬者案食貨志臣瓚以爲在樹曰果在地曰蓏不辨有核無核張晏以有核曰果無核曰蓏今鄭云果桃李之屬即是有核者也蓏瓜瓞之屬即是無核者也此從張晏之義

喪事代王受眚烖粢盛者祭祀之主也今國遭大喪若云此黍稷不馨

使鬼神不逞于王既殯大祝作禱辭授甸人使〔疏〕喪事至
以禱藉田之神受告裁弭後殃○告生景反告哉○
釋曰言喪事者謂王喪既殯後甸師氏於大祝取禱辭禱藉
田之神告過也代王受過災云若云黍稷不香使鬼神不逞
故令王死斂喪事代王受災此禱事於死王無益欲止後殃
故爲此禱也○注粢盛至後殃○釋曰言粢盛者祭祀之主
也者以其遭王喪遣甸師氏禱意甸師種粢盛祭祀之具以
黍稷爲主故云今國遭大喪若云此黍稷不馨逞快也使鬼
神不快於王令使王死云既殯大祝作禱辭授甸人者知大
祝作禱辭在既殯後者見大祝職云授甸人禱辭在大斂後
大斂則殯故鄭司農云
知在既殯後王同姓有

王之同姓有辠則死刑焉

罪當刑者斷其獄於甸師之官也文王世子曰公族有死罪
則磬於甸人又曰公族無宮刑獄成致刑于甸人又曰公族
無宮刑不踐其類也刑于隱者不與〔疏〕王之至刑焉○釋
國人慮兄弟○斷丁亂反踐音翦曰周姓姬言同姓
者絕服之外同姓姬者有辠者謂凡五刑則刑殺不於市朝
於此死刑焉謂死及肉刑在甸師氏必在甸師氏者甸師氏
在疆場。多有屋舍以爲隱處故就而刑焉案掌囚云凡有爵
者與王之同族奉而適甸師氏以待刑殺此中不云其凡有

爵者文不具○注鄭司至兄弟○釋曰云王同姓有罪當刑者斷其獄於甸師之官者此斷獄自是秋官罪定斷訖始適甸師氏而刑殺之若然斷獄不在甸師後鄭不破之者案学因云凡有爵者與王之同族奉而適甸師氏以待刑殺此經亦云死刑焉甸師氏不斷獄顯然不破之者見司農引文王世子爲證於義是故不復於中破之文王世子已下云公族有死罪則磬於甸人者鄭彼注云懸縊殺之曰磬云又曰公族無宮刑獄成致刑於甸人又曰公族無宮刑不踐其類也者覆解上公族無宮刑之義云刑于隱者不與國人慮兄弟者若刑兄弟於市朝則是與國人慮兄弟令於隱處者則是不使國人慮兄弟彼是諸侯法引之以證王之同姓刑於甸師亦是刑隱者也

帥其徒以薪蒸役外内饔之事役爲給役也木大曰薪小曰蒸（疏）帥其至之事○釋曰其徒三百人耕耨藉田千畝其事至閑故兼爲外内饔所役使共其薪蒸○注木大曰薪小曰蒸○釋曰此槩要文又左氏傳云其父析薪即大木可析曰薪自然小者曰蒸也

獸人掌罟田獸辨其名物罟罔也以罔搏所當田之獸○罟音古搏音博

劉音付後同【疏】獸人至名物○釋曰云掌罟田獸者罟罔也謂以罔搏取當田之獸云辨其名物者野獸皆有名號物色案夏官四時田獵春用火夏用車秋用羅冬用徒四時各有其一以為主無妨四時兼有罔取當田之獸**冬獻狼夏獻麋春秋獻獸物**狼膏聚麋膏散聚則溫散則涼以救時之苦也獸物凡獸皆可獻也及狐狸【疏】冬獻至獸物○釋曰云冬獻狼者狼山獸山是聚故狼膏聚聚則溫故冬獻之云夏獻麋者麋是澤獸澤主銷散故麋膏散散則涼故夏獻之云春秋獻獸物者春秋寒溫適故獸物皆獻之○注狼膏至狐狸○釋曰云以救時之苦者夏苦其大熱故獻麋冬苦其大寒故獻狼案內則取稻米與狼臅膏以為餰狼之所用惟據取膏為餰食若麋之所用則多矣云及狐狸者案內則狐去首狸去正脊二者並堪食之物故知獸物中兼獻**時田則守罟**備獸觸攫攫○俱縛反又俱碧反又作擭華霸反【疏】時田則守罟○釋曰守罟者謂四時田獵獸人守罟備獸觸攫者防備獸時觸罔而攫者則取之**及弊田令禽注于虞中**弊仆也仆而田止鄭司農云弊田謂春火弊夏車弊秋羅弊冬徒弊虞中謂虞人釐所田之野及弊田植

虞旗於其中致禽而珥焉獸人主令田衆得禽者置虞人所立虞旗之中當以給四時社廟之祭故曰春獻禽以祭社夏獻禽以享礿秋獻禽以祀祊冬獻禽以享烝又曰大獸公之小禽私之公之謂輸之於虞中珥焉者取左耳以致功若斬首折馘。故春秋傳曰以數軍實。弊如字徐蒲計反注之樹反仆普卜反一音芳豆反又音赴鳌音來本亦作萊植直吏反又時力反徐音栽珥徐如志反享許丈反劉音向後皆放此礿由若反祊音方折之舌反馘古獲反數色主反一音所

疏及弊至虞中○釋曰及弊田者弊仆也謂田止令禽注於虞中者田止虞人致旌旗於田處之中央注猶聚也獸人則令所田之衆大獸公之小禽私之者輸之聚於旌旗之所故言注於虞中。○注弊仆至軍實○釋曰鄭司農云弊田謂春火弊夏車弊秋羅弊冬徒弊並大司馬職文引之者證弊田爲田止之事云虞中謂虞人鳌所田之野已下地官山虞職文言虞人萊所田之野者謂於教戰之所芟治草萊云及弊田植虞旗於其中者熊虎爲旗山多虎故用熊虎及弊田田止虞人植虞旗於中引之者證經虞中之事云致禽而珥焉者謂田衆大獸公之者各割取左耳以擬效功云春獻禽以祭社至小禽私之亦司馬職文言春獻禽以祭社者鄭彼注春土方施生云夏獻禽以享礿者夏陰氣始起鄭云

象神之在內云秋獻禽以祀祊者鄭注祊當爲方謂祭四方之神云冬獻禽以享烝者冬陽氣始起亦象神之在內此祭並非四時常祭以田獵得禽牲因享祭之耳云大獸公之者謂已孕曰獸輸之於公小禽私之者未孕曰禽謂田衆得之以自入云若斬首折馘者田獵象戰伐田獵之時取禽左耳以效功若征伐之時於陳斬首折取左耳謂之馘亦以擬效功故云若斬首折馘又引春秋傳曰者案襄二十四年楚遠啓彊如齊聘齊侯祭社蒐軍實使客觀之注云蒐數軍實兵甲器械與隱公傳三年而治兵數軍實一也引之者證斬首折馘爲軍實若然注傳兵甲器械與斬首折馘不同者兵甲器械自爲軍實至於斬首折馘亦是軍實仍於生獲囚俘亦爲軍實是以僖公三十三年晉捨秦囚先軫曰墮軍實是也

凡祭祀喪紀賓客共其死獸生獸共其完者凡獸入于腊人當乾之疏凡祭至腊人○釋曰凡此所共者於庖人云凡其死生鱻薨之物以共王之膳○注共其完者○釋曰知其完全者下經云凡獸入於腊人是其不完者故知此是完者

皮毛筋角入于玉府給作器物○筋音斤疏皮毛至王府○釋曰獸人所得禽獸其中皮毛筋角擇取

堪作器物者送人於玉府擬給百工飾作器物

凡田獸者掌其政令

疏 凡田至政令○釋曰謂田獵取獸禽者所有政令獸人掌之以其知田獵之法故

歔人掌以時歔爲梁

月令季冬命漁師爲梁鄭司農云梁水偃也偃水爲關空以笱承其空詩曰敝笱在梁○偃於建反徐本作匽一返反空戚音孔下同

疏 歔人至爲梁○釋曰言以時歔爲梁者謂一歲三時取魚皆爲梁以時取之故云以時漁爲梁○注月令至在梁○釋曰案月令季冬云命漁師始魚天子親往此注云季冬命漁師爲梁文句不同者鄭以此經有梁字故於月令以義取之非是月令正文鄭司農梁水偃也偃水爲關空以笱承其空者謂偃水兩畔中央通水爲關孔笱者葦簿以簿承其關孔魚過者以簿承取之故詩云敝笱在梁彼齊詩云弊敗之笱在於魚梁其魚唯唯過者無制彼喻文姜與襄公淫通來往不制又魚麗詩云魚麗于罶鱨鯊注云罶曲梁寡婦之笱笱即曲簿也引之者證梁以笱爲之

春獻王鮪

王鮪鮪之大者月令季春薦鮪于寢廟○鮪位軌反

疏 春獻王鮪○釋曰謂季春三月春鮪新來言王鮪鮪之大者云獻者獻於廟之寢故鄭注引月

令云薦鮪於寢廟取魚之法歲有五案月令孟春云獺祭魚此時得取矣一也季春云薦鮪於寢廟即此所引者二也又案鼈人云秋獻龜魚也王制云獺祭魚然後虞人入澤梁與孝經緯援神契云陰用事木葉落獺祭魚同時是十月取魚四也獺則春冬二時祭魚也案潛詩云季冬薦魚與月令季冬漁人始漁同五也是一歲三時五取魚唯夏不取案魯語云宣公夏濫於泗淵以其非時里革諫之乃止**辨魚物爲鱻薧以共王膳羞**鮮生也薧乾也○薧本又作槁苦老反疏辨魚至膳羞○釋曰此所共者共於膳夫以共王**凡祭祀賓客喪紀共其魚之鱻薧凡獻者掌其政令凡獻征入于玉府**鄭司農云漁征漁者之租稅漁人主收之入于玉府疏凡祭至玉府○釋曰云凡祭祀賓客喪紀共其魚之鱻薧者此所共者共內外饔以其膳夫即不掌祭祀之事云凡獻者掌其政令者凡取魚者所有政令皆漁人掌之以其知取之時節及處所云凡漁征入于玉府者言漁征者謂近川澤之民於十月獺祭魚之時其民亦得取魚水族之類其中鬚骨之事堪飾器物者所有征稅漁人主收之送入于玉府以當

邦賦也

鼈人掌取互物鄭司農云互物謂有甲𦟛胡龜鼈之屬○互戶故反干云對也𦟛莫干反

疏注鄭司至之屬○釋曰此文與下爲目所取之物者即下經所云是也

以時籍魚鼈龜蜃凡貍物蜃大蛤鄭司農云籍謂以杈刺泥中搏取之貍物龜鼈之屬自貍藏伏於泥中者玄謂貍物亦謂鱴刀含漿之屬○籍戚勑角反劉倉伯反徐倉格反沈榜昔反籍莊子云冬則擉鼈於江擉音义角反義與此同今從彼讀蜃上軫反干云鮪類貍莫皆反杈音义

春獻鼈蜃秋獻龜魚此其出在淺處可得之時魚亦謂自貍藏

疏以時至龜魚○釋曰言以時者即下經春獻鼈蜃共然籍魚鼈據所取下經據所獻其時一也○注蜃大至之屬○釋曰蜃大蛤者即小月令云雉入大水化爲蜃者是也對雀入大水化爲蛤爲小蛤鄭司農云籍謂以杈○刺泥中搏取之者司農意以籍爲刺此經魚鼈龜蜃皆在泥中水中故以杈刺取之貍物龜鼈之屬○者案經龜鼈自顯別言貍物司農貍物中更言龜鼈者但經或所言貍物者摠龜鼈之等故司農重以龜鼈爲貍物玄

謂狸物亦謂鱴刀含漿之屬者案爾雅刀魚鱴刀也蜂含漿觀此鄭意鱴刀爲一物蜂爲含漿亦一物孫氏注爾雅刀魚與鱴別非鄭意○注此其至狸藏○釋曰鄭云魚亦謂自狸藏者若不自狸藏則在上漁人取之矣故知此魚與龜鼈是自狸藏者也

祭祀共蠯蠃蚳以授醢人蠃螔蝓鄭司農云蠯蛤也杜子春云蠯蜯也蚳蛾子國語曰蟲舍蚳蝝○蠯薄佳反徐又父幸反蠃即戈反蚳直其反徐長梨反蚍蜉子螔音夷又音移蝓音由又音榆蜯字又作蚌蒲項反又蒲杏反蛾宜綺反舍音捨蝝悅全反字林允絹反【疏】祭祀至醢人○釋曰案醢人有蠯醢蠃醢蚳醢故以此三者授醢人○注蠃螔至蚳蝝○釋曰蠃螔蝓者一物兩名司農云蠯蛤也者杜子春云蠯蜯也者蜯即蛤亦一物云蚳蛾子者謂蟻之子取白者以爲醢國語曰蟲舍蚳蝝者此亦是國語諫宣公之言謂夏蟲內捨去蚳蝝蚳此經蚳也蝝謂蝗也與蚳別連引之也

掌凡邦之簎事

腊人掌乾肉凡田獸之脯腊膴胖之事大物解肆乾之謂之乾肉若今涼州烏翅矣薄折曰脯棰之而施薑桂曰鍛脩腊小物全乾○肆勑力反棰之蘂反【疏】腊人至之

事○釋曰云掌乾肉已下文者並是獸人所法獸人云凡獸人於腊人○注大物至全乾○釋曰云若今涼州烏翅者解肉乾之狀也云小物全乾者案特牲云陳鼎于門外北在其南南順實獸于上又云宗人舉獸尾告備是其全者士用兎是其小物全乾少牢用麋不云舉獸尾則未全若然則天子諸侯之所用雖無文其獸必大亦不必全今云至者據有全者耳趙商問腊人掌凡乾肉而有膴胖何鄭荅雖鮮亦屬腊人

凡祭祀共豆脯薦脯膴胖凡腊物

脯非豆實豆當爲羞聲之誤也鄭司農云膴膺肉鄭大夫云胖讀爲判杜子春讀胖爲版又云膴胖皆謂夾脊肉又云禮家以胖爲半體玄謂公食大夫禮曰庶羞皆有大者此據肉之所擬祭者也又引有司曰主人亦一魚加膴祭于其上此據主人擬祭者膴與大亦一也肉則曰麋鹿田豕𪊨皆有胖足相參正也大者胾之大臠膴者魚之反覆膴又詁曰大二者同矣則是膴亦牒肉大臠胖宜爲脯而腥胖之言片也析肉意也禮固有腥腍爓雖其有爲孰之皆先制乃亨○豆音羞胖普半反杜音版夾古洽反劉古協反食音嗣𪊨京倫反覆芳服反腍而甚反爓徐廉反亨普庚反【疏】注脯非至乃亨○釋曰知脯非豆實者案籩人職有栗脯則脯是籩實故云脯非豆實也

知豆當爲羞設案籩人職云凡祭祀共其籩薦羞之實鄭云未飲未食曰薦已飲已食曰羞羞薦相對下既言薦脯明上當言羞脯也鄭司農云膴膺肉鄭大夫胖讀爲判杜子春讀胖爲版○又云膴胖皆謂夾脊肉又云禮家以胖爲半體者文無所出皆非也玄謂公食大夫禮曰庶羞皆有大者此據肉之所擬祭者也又引有司曰主人亦一魚加膴祭於其上者此據主人擬祭者也膴與大亦一也內則曰麋鹿田豕麕皆有拌足相參正者引有司并公食大夫二處證膴是大臠○引內則明胖與膴不同故云足相參正云大者截之大臠者玄解公食大夫云膴者魚之反覆者反覆謂魚生時在腹下今加之於上云膴又詁曰大者據爾雅釋詁文云二者同矣者大共膴同是一則膴是牒肉大臠同將祭先也云胖宜爲脯而腥謂肉薄不煮者云胖之言片析肉意者此解胖是薄義云禮固有腥膴爓雖其有爲孰之者祭祀之禮肫解而腥之又有體解而爛之又有薦孰之禮禮經固有此三者皆當先制爲胖言此者證胖與膴不同破諸家之意

喪紀共其脯腊凡乾肉之事（疏）賓客至之事○釋曰此所共者賓客共內外饔也

○

附釋音周禮注疏卷第四終

周禮注疏卷四校勘記　　　　阮元撰盧宣旬摘録

膳夫

羞用百二十品　唐石經作羞用百有廿品宋本余本嘉靖本毛本百下皆有有字疏中引經同此本及閩監本脫石經考文提要云宋本九經宋纂圖互注本宋附釋音本余仁仲本皆有有字

醢人共齏菹醢物六十甕　嘉靖本閩本同監毛本醢誤醓疏中云醢人共醢物六十甕案醢人職作齊菹醢人注云齊當爲齏故注引作齏

稌黍稷梁麥苽　宋本同誤也余本嘉靖本閩監毛本梁作粱從米當訂正此本疏中亦從米

水漿醴䣼醫酏　釋文䣼本又作涼酏作酡案醫當作醫釋文亦訛

此羞庶羞口出於牲及禽獸　閩本亦實闕一字監毛本作皆是也

編萑以苴之　此本苴誤塗據閩監毛本訂正

塗之以墐塗　此本墐誤瑾據閩本訂正監毛本誤㨷

漬取牛羊肉　今內則無羊字

以酒諸上而鹽之　閩監毛本酒改灑

舉焦其骭　閩監毛本焦改燋非案今內則作燋釋文舉焦字又作燋陸賈所據本正合焦字下已從火更加火旁俗作也○按說文有燋字

彼有糝與餰　浦鏜云內則餰作酏注云此酏當從餰案醢人注引內則已作餰

鼎俎奇而籩豆耦者　閩監毛本耦作偶依今本郊特牲改

明知先朝食　惠校本明作則此誤

案聘禮致饔餼注云　浦鏜云注衍

云牛羊豕魚腊腸胃同鼎　云當衍

當内兼腳臕膮此本兼誤康據閩監毛本訂正

案論語微子云亞飯三飰四飯閩監毛本飰改飯今論語同案此引論語三飯字當皆作飰此改之未盡者耳

以樂徹于造唐石經諸本同禮說云大祝注故書造作竈然則古文造竈通吳越春秋勒馬銜枚出火于造吳語造作竈所謂係馬舌出火竈龜策傳灼鑽之處亦以造名注造音竈本此

案文王世子未有原監毛本同浦鏜云末誤未案嘉靖本禮記作末釋文正義皆作末

案玉藻云朔食加日食一等盧文弨云此約玉藻文云當衍

齊時不樂故不言以樂侑食也浦鏜云者誤時從儀禮經傳通解續挍毛本侑誤脩

春秋傳曰司寇行刑者浦鏜云戮誤刑案賈疏所據鄭注本蓋作刑故注云大故刑殺

也

主人飲食之俎皆爲胙俎諸本同宋本爲作有案上云賓客食而王有胙俎又此疏云特牲少牢主人之俎雖爲胙俎直是祭祀不兼賓客此則祭祀賓客俱有然則爲當作有矣

稍事爲非日中大舉時而閒食孫志祖云爲當作謂疏作謂可證

若大夫已下燕食有脯無會閩監毛本已作以浦鏜云膾誤會

庖人

破司農六畜之内案畜爲禽之誤

味以不褻爲鮮葉鈔釋文褻作䙝監毛本疏中亦作䙝此從執

凡其至之義閩監毛本作凡其至膳羞此誤

云賓客之禽獻者謂若掌客上之乘禽日九十雙閩本同監

毛本獻誤獸浦鏜云掌客上公公誤之

解經令禽以法授之 浦鏜云禽下脫獻

又以此付使者 浦鏜云此下脫書

夏行腒鱐膳膏臊 漢讀考云說文鱐作鱐魚部云鱢魚臭也然則周禮作膏臊臊非魚膏明矣魚部鱢下當云讀如周禮膳膏臊案周禮諸本不同說文引經每兼存異本蓋膏臊一作膏鱢而其義為魚臭與鄭以為豕膏杜以為犬膏俱互異說文於鱢下引周禮於臊下止存豕膏臭一義則許氏所據古文本作鱢禮說云晏子春秋曰食魚無反惡其鱢也凡鮏鱢從魚者皆言魚則許氏以膏鱢為魚膏矣案內則釋文云鱐本又作鱐與說文引周禮合

云用禽獻謂煎之以獻 案煎下脫和

唯王及后之膳禽不會 唐石經諸本同宋本后下有世子二字係妄增案注云世子可以會之故

經不言世子也

內饔

肉物胾燔之屬 諸本同宋本燔作膰案釋文膰音燔本亦作燔宋本與釋文合是也賈疏引注作燔

謂士虞禮云四肆去蹄 浦鏜云喪誤虞閩本闕下二字

實鼎曰脀 宋本脀作脀非諸本皆作脀從丞從肉釋文脀職升反

以得饋王 案上云俟待也此得爲待之誤

鳥皫色而沙鳴 唐石經諸本同釋文皫本又作皫案玉篇皫白色皫牛色不美澤又牛黃白色說文皫牛黃白色从牛麃聲白部無皫字鄭注云牛色不澤美則當从白陸本作皫石經作皫非惠挍本作皫據釋文也今禮記內則作皫而釋文作麃云本又作皫知皫爲俗字

馬黑脊而般臂螻 唐石經諸本同釋文臂徐本作辟惠挍本般作股以意改非九經古義云北山經諸

吡之水其中多水馬其狀如馬文臂牛尾郭璞注臂前腳也周禮曰馬黑脊而斑臂膢案釋文般音班注云臂毛有文是亦讀般爲斑也古般斑通郭氏以今字讀之故引作斑

泠毛毛長總結也 宋本嘉靖本同此絲總字與皆揔字有別閩監毛本揔總二字並改作總矣浦鏜云總結也上脫毳字案疏釋經曰云羊泠毛而毳𣰥者泠毛謂毛長也而毳謂毛別聚結者則浦說是也○按浦説非也賈疏添毳字誤耳説文曰毳者獸細毛也泠毛謂毳之長而總結長而總結自是釋泠非釋毳也經文此句法若云其毳也乃泠毛而毳毳者獸所同泠毛而毳則所異耳內則注亦云泠毛毳毛別聚於不解者也可以相證彼疏云泠謂毛本稀泠毳謂毛頭毳結其誤同此疏

腥當爲星 漢讀考云許叔重説胜爲犬膏之臭腥爲星見食豕令肉中生小瘜肉故其字從肉星星亦聲則腥爲正字而胜爲周禮腥臊之正字許所據周禮與鄭所據不同

肉有如米者似星 漢讀考云似星當作曰星謂肉有如米者謂之星如飯之𥺌也案爾雅米者謂

之蘗郭注云飯中有腥亦以腥爲正字

言辨腥臊者 浦鏜云脫羶香二字

以腥臊羶香表見云牛羊犬雞也 案云衍

云是別不可食者則此是也 閩本同監毛本則改即非 浦鏜云別下脫其

宜破交睫腥之腥 浦鏜云宜當直字誤

牛在手曰梏 浦鏜云木誤牛

凡掌共羞脩刑膴胖骨鱐 說文肉部膴下引周禮有膴胖案此注云胖如膴而腥者許蓋讀胖爲判以爲半體肉也腊人薦脯膴胖鄭大夫胖讀爲判與許同杜子春云禮家以胖爲半體鄭君云胖之言片也皆與判義相近

外饔

凡賓客之飧饔饗食之事亦如之 唐石經嘉靖本飧作飱

致禮於客 疏引注作致禮於賓客惠校本據增云余本仍無賓字

宰夫職以釋訖 浦鏜云以當巳字誤

至五長有功者 浦鏜云五當伍誤

謂其殷奠及虞祔之祭 浦鏜云其衍

亨人

大羹肉湇 宋本余本嘉靖本並同釋文肉湇去及反浦鏜云湇誤湇六經正誤云湇肉汁也从泣聲也从肉義也非從聲音之音案經典及釋文多作湇自有毛居正說俗人每改湇爲湇矣

皆是陪鼎膷臐膮 浦鏜云謂誤皆從儀禮通解續挍

甸師

耨芸芓也　宋本芸作耘案釋文芸音云本或作耘疏云耕穫耘耨於王之耤田葢釋文作芸賈疏作耘今本注及疏作芸係依釋文改

齍盛祭祀所用穀也粢稷也　案齍亦當爲粢肆師表齍盛注粢六穀也在器曰盛以共祭祀作齍盛注皆作粢盛疏云六穀曰粢在器曰盛是經故云粢盛易齍盛爲粢盛本注也此及舂人注同經作齍非漢讀考云小宗伯辨六齍之名物注曰齍讀爲粢六粢謂六穀黍稷稻粱麥苽全經內齍字當以此例之案甸師注粢盛者祭祀之主也

三推而一撥　案撥爲墢字之誤浦鏜云墢誤發下並同是也閩監毛本並改發

示有恭敬鬼神之法　惠挍本有作相

縮浚也　諸本同釋文浚也荀順反劉思順反浦鏜改浚爲滲云滲誤浚謬甚浦鏜之書多不可據者

不貢苞茅　嘉靖本苞作包此本疏引左傳亦作包閩監毛本改苞案苞苴苞裹字多從艸而左傳及說文

萅下引春秋傳皆作包茅蓋从省○按版本多依舊不同作包未爲非也

杜子春讀爲蕭　漢讀考云爲當作從凡二本字異而用一廢一曰從

故既薦然後焫蕭　岳本閩本同與禮記合嘉靖本監毛本及釋文焫作爇誤郊特牲作故既奠注云謂薦孰時也此以義引之故作薦

縮酒泲酒也　葉鈔釋文嘉靖本閩本皆作泲此本誤沛今訂正監毛本沛作泲

注鄭司農至縮酌　閩本同監本剜改大夫二字則本作司農也毛本則竟作大夫矣案賈本注鄭大夫蓋作鄭司農此本疏中亦俱作鄭大夫惟此標起至處改之未盡

司馬職百里爲遠郊　惠挍本職作法此誤

代王受過災云　浦鏜云云疑者字誤

令使王死　惠挍本令作今

釋曰周姓姬　閩本姓字模糊監毛本誤作禮

甸師氏在疆場　惠挍本場作埸此誤

獸人

罟罔也　閩毛本同監本罔改網

以救時之苦也　宋本無也非

備獸觸攫　諸本同釋文觸攫俱縛反又作擭華霸反案作擭非也此本補刻攫下衍擭疏中觸罔而攫攫誤擭

謂虞人釐所田之野　釋文釐所音來本亦作萊案山虞職作萊山田之野此作釐所葢以義引之作萊者依彼經所改疏云言虞人萊所田之野者謂於教戰之所芟治草萊是賈本作萊也

夏獻禽以享礿秋獻禽以祀祊　浦鏜云大司馬職礿作礿下獻作致

若斬首折馘宋本下有也

蒐數軍實兵甲器械閩本同監毛本數誤藪浦鏜云案杜注閱數軍器此所引蓋服氏注

鼈人

梁水偃也釋文水堰徐本作匽案說文匚衺徯有所俠藏也从乚上有一覆之匽匿也人部偃云僵也是水偃字當從徐本作匽

故云以時漁爲梁閩監毛本漁改魚

命漁師始魚浦鏜云始漁誤始魚下疏同

笱者葦簿閩監毛本簿作薄下曲簿同

此時得取矣一也此本一誤○據閩監毛本訂正

里華諫之乃止閩監毛本同魯語作里革○按里革即史克克革古音同部華字非也

以其膳夫即不掌祭祀之事 浦鏜云膳夫下脫共王之膳羞五字從儀禮通解續

按案此類蓋後人以意增足非賈疏本文

鼈人

謂有甲𦽏胡 閩監毛本同誤也宋本余本嘉靖本𦽏作萳當訂正釋文萳莫干反禮說云月令其蟲介高誘注介甲也象冬閉固皮漫胡也萳漫音義同

以時籍魚鼈龜蜃 唐石經諸本同說文手部籍刺也從手籍省聲周禮曰籍魚鼈禮說云魯語矠魚鼈以爲夏稿作矠莊子冬則擉鼈於江作擉列子牢籍庖廚之物作籍殷敬順釋文謂籍本作矠案作籍爲正字作籍爲聲借字說文謂籍從手籍省聲故列子竟省手作籍也

籍謂扱刺泥中搏取之 宋本嘉靖本閩監毛本扱作杈宋本作扱從手釋文通志堂作杈宋本載音義作扱此本補刻扱誤扱今訂正

皆在泥中水中　閩監毛本無上中

但經惑所言貍物者　監毛本同誤也閩本惑字實闕或作意

案爾雅刀魚鱭刀也　惠挍本刀魚作鮆此誤又分爲二字

案醢人有蠯醢蠃蚳醢　浦鏜云蠃下脫醢

蜯即蛤　惠挍本下有也此脫

此亦是國語諫宣公之言　案國語當作里革

腊人

凡田獸之脯腊膴胖之事　唐石經諸本同案膴胖之事四字疑衍文下經薦脯膴胖膴字胖字始有注若於此先言膴胖二鄭杜氏康成當於此下注矣釋文出胖字音於豆脯之下則陸本尚未誤衍儀禮士冠禮疏引腊人云掌乾肉凡田獸之脯腊鄭注云大物解肆乾之云云無膴胖之事四字此爲誤衍之明證此疏引趙商問腊人

掌凡乾肉而有膴胖何亦據下文言之

若今涼州烏翅矣 諸本及漢制考同惠士奇云烏當作鳥盧文弨案士冠禮加爵弁如初儀疏引此注作鳥翅誤本耳

庶羞皆有大者此據肉之所擬祭者也又引有司曰主人亦一魚加膴祭于其上此據主人擬祭者膴與大亦一也 余本岳本閩監毛本同宋本上下有者案此皆因疏語誤衍也嘉靖本庶羞皆有大下無者此據肉十二字加膴于其上下無此據主人十三字當據此刪正

胖之言片也 玉篇肉部引作胖之言半也非下云析肉意也當作片○案古書片半通用其音義皆同

杜子春讀胖爲版 監本版作販

元解公食大夫 惠挍本作重解此誤

禮經固有此三者此本經誤堅據閩監毛本訂正

附釋音周禮注疏卷第四唐石經周禮卷第一宋本余本嘉靖本同此本及閩監毛本删此題下悉準此不復出

周禮注疏卷四校勘記終

南昌袁泰開校

傳古樓景印